Peter Bachér

Alle Karten auf den Tisch

Peter Bachér

Alle Karten auf den Tisch

Das Beste aus 40 Jahren

Langen*Müller*

© 2012 Langen*Müller*
in der F. A. Herbig Verlagsbuchhandlung GmbH, München
Alle Rechte vorbehalten
Umschlaggestaltung: Wolfgang Heinzel
Umschlagfoto: Getty Images
Herstellung und Satz: VerlagsService Dr. Helmut Neuberger
& Karl Schaumann GmbH, Heimstetten
Gesetzt aus der 10,5/13,6 GaramondBQ-Regular
Druck und Binden: GGP Media GmbH, Pößneck
Printed in Germany
ISBN 978-3-7844-3294-6

40 Jahre »Heute ist Sonntag«
Ein Blick zurück

Es geschah an einem Frühlingstag des Jahres 1971 im Springer-Haus an der Fuhlentwiete in Hamburg. Wir saßen in einer Ideenkonferenz zusammen, die Redakteure der *BILD am Sonntag*. Der Verleger Axel Springer hat uns eines seiner ganz großen Schiffe anvertraut – eine Zeitung mit Millionen Exemplaren zwischen Flensburg und Garmisch-Partenkirchen, über zehn Millionen Leserinnen und Leser. »Wie nennen wir die neue Kolumne, die gleich am Beginn der Zeitung auf Seite 2 ihren festen Platz haben wird?« Das war die Frage, die die Ideenkonferenz umtrieb. Der Inhalt der Kolumne sollte – in groben Umrissen – eine in den Sonntag hineingeschriebene kurze Betrachtung über die aktuellen Zeitläufe sein – und zugleich einen Weg aufzeigen, wie die Menschen mit ihren alltäglichen Problemen klug umgehen können. Kein Tag ist besser als der Sonntag dazu geschaffen, zurück und zugleich nach vorne zu schauen, sein Leben zu überdenken, die Gedanken zu ordnen. Entschlüsse zu fassen, Meinungen zu überprüfen, auch politische Meinungen. Ja, eine Sonntagszeitung hat einen Logenplatz in der Presse.

Es gab viele Vorschläge: Wegmarkierung – Blick nach vorn – Gedanken zur Woche. Fast eine Stunde lang prasselten die Vorschläge. Schließlich – wir waren alle schon erschöpft und drehten uns im Kreis – da sagte Max Pierre Schaeffer, der ein paar Häuser weiter im Lektorat des Springer-Verlages Romane betreute und nur als Gast bei uns Zeitungsmachern reinschaute (»Hier bei euch tobt ja das Leben, Romane sind dagegen ja richtig langweilig«) – den entscheidenden Satz: Warum nennen wir das Ganze nicht einfach »Heute ist Sonntag«? Das stimmt immer, hebt den Sonntag noch mal in das Bewusstsein der Leser, was ja schließlich die Faszination einer Sonntagszeitung ausmacht, und gibt ihr die große Chance, sich von den Tageszeitungen in Inhalt und Ton abzugrenzen.

»Heute ist Sonntag« – das war also die Formel. Wie so vieles siegt am Ende oft das ganz Simple. Das, was man sich eigentlich gar nicht traut zu sagen. Aber: »Heute ist Sonntag« glich einem Fanfarenstoß: Leser, gib acht, dieser Tag ist kostbar, dieser Tag unterscheidet sich eindeutig vom Werktag, an diesem Tag muss eine Melodie erklingen, die die Herzen erreicht, und es muss gleich ganz vorn passieren, dort, wo man die Zeitung zuerst aufschlägt.
Und so schrieb ich unter dem Titel meinen ersten Text, der sinngemäß sagte: Lieber Leser, fahre heute mal ans Meer oder gehe in die Berge und horche in dich hinein, überprüfe vor dem Hintergrund der großen politischen Ereignisse dein kleines privates Leben in der Stille einer wunderbaren Natur …
Das Echo ließ nicht auf sich warten, wie ich schon

Montag früh erfuhr. Die Kollegen der täglichen *BILD-Zeitung*, die ein paar Zimmer weiter auf demselben Flur arbeiteten, ließen ihrem Spott freien Lauf, indem sie sich gegenseitig und allen, die es hören wollten, erzählten: Bei *BILD am Sonntag* ist ein Verrückter Chefredakteur geworden, der schreibt doch tatsächlich »ich soll am Sonntag mich selbst besuchen«, lachhaft.

Als ich davon hörte, spürte ich zum ersten Mal den Gegenwind, sobald man den Mut hat, seine eigene private Meinung in einem Millionenblatt zu offenbaren. Und ich wäre fast am Boden zerstört worden, hätte ich nicht in den nächsten Stunden auch ein anderes Echo gehört: Endlich gibt es auch mal leise Töne in der sonst eher lauten Boulevardzeitung. Und mit der Post kam ein Brief von Rosemarie Springer, die mit großer, schöner, steiler Schrift mir schrieb: Ihre Gedanken haben mir so gut gefallen, ich würde sie am liebsten vervielfältigen und hier auf Sylt an jede Windschutzscheibe der Autos anbringen. Wahrlich, schöner konnte ein Zuspruch nicht sein. Und, was für mich wichtig war: Er kam von einer Frau, denn die Frauen wollten wir unbedingt für unsere Sonntagszeitung begeistern, die Männer hatten wir mit der Politik und dem Fußball mit den Bundesliga-Berichten schon längst auf unserer Seite. Aber auch mein Freund und Verleger Axel Springer ermutigte mich immer wieder, meine alltagsphilosophischen Texte Woche für Woche zu schreiben: »Das sind Sie Ihrem Talent schuldig.«
Als wir dann noch nach einigen Wochen feststellten,

dass unsere Auflage um 120 000 Exemplare nach oben geschnellt war – »ein lange nicht erlebtes Auflagenwunder« –, da gab es kein Halten mehr: Sonntag für Sonntag schrieb ich mein »Heute ist Sonntag«, bis eines Tages der damalige Verleger des Econ-Verlages in Düsseldorf mich fragte, warum meine Kolumnen nicht als Buch erscheinen. »Das weiß ich auch nicht, da hat mich noch niemand gefragt.« – »Dann frage ich Sie jetzt: Wollen Sie?« – »Ja«, sagte ich, »wenn Sie meinen …« Und so geschah es.

Die Lektoren seines Verlages stellten unter dem leider etwas schwülstigen Titel »Lass uns wieder von der Liebe reden« ein paar Dutzend Kolumnen zusammen – und eines Tages erschien mein Verleger eines Morgens zum Frühstück in unserer Hamburger Wohnung. Der feierliche Augenblick war gekommen: Mein erstes Buch! Der Verleger holte es aus seiner Aktentasche – meine Frau und ich schauten auf den Titel – und wir erschraken, fast hätte ich gesagt, zu Tode. Denn: Das Motiv war ein Pfeil, der ein Herz durchbohrt, und ein Blutstropfen war auch noch zu sehen, kitschiger ging es nicht mehr! Aber was soll man als Neuling in der mir noch unbekannten Welt der Verleger und Bücherproduzenten schon sagen?

Der zweite Schock kam, als ich ein paar Tage später durch die Buchhandlungen in München und Hamburg streifte und weder bei Hugendubel noch bei Thalia mein Buch finden konnte. Immer wieder drehte ich meine Runden – das neue Buch von Peter Bachér war nirgends zu entdecken. Schließlich fasste ich Mut, fragte eine Verkäuferin, wo ich das soeben erschienene Buch »Lass uns wieder von der Liebe reden« finden könne. »Da müssen Sie hinten in die Ecke gehen, zur Sachbuchabteilung, da wird es sicher unter der Rubrik Sex und Erotik zu finden sein«, sagte sie leicht schnippisch. »Aber es handelt sich doch eher um etwas ganz anderes«, wagte ich leise einzuwenden. »Der Econ-Verlag ist aber ein Sachbuch-Verlag, also werden Sie das Buch auch dort finden.« Und so war es, genau so war es. Da lag es einsam und verloren zwischen Büchern über Schwangerschaft, Partnersuche und zwischen dem allseits bekannten Kinsey-Report. Und natürlich traf ich dort auch meinen alten Kollegen Oswalt Kolle mit seinen Aufklärungsbüchern wieder.

»Fehlstart für den Urenkel von Theodor Storm mit seinen sonntäglichen Plaudereien«, lästerten die lieben Kollegen. Aber mein Verleger ließ sich dadurch nicht beirren: Er schob sofort ein zweites Buch mit dem Titel »Trotz allem glücklich sein« hinterher – und von da an waren die Kolumnenbücher nicht mehr aufzuhalten, bis heute gibt es dreizehn Titel. Es folgten der Ullstein-Verlag in Berlin und dann der Langen*Müller* Verlag in München, die mehrere Bücher veröffentlichten. Bei Rowohlt in Hamburg erschienen die Taschenbuchausgaben – und als eines Tages ein Brief von dem großen Siegfried Unseld, dem genialen Chef des Hauses Suhrkamp, auf meinem Schreibtisch lag, fragte ich mich nur eines: Werden meine Texte demnächst auch in der berühmten Frankfurter Bücherschmiede erscheinen? Ich traute meinen Augen kaum, als ich folgende Zeilen des Großmeisters las:

»Ich habe in der *Welt am Sonntag* Ihre Betrachtung ›Da wusste sie plötzlich, dass sie wirklich gute Freunde hatte‹ gelesen; sie hat mir wirklich sehr gut gefallen, und ich möchte Sie eigentlich sehr ermuntern, in dieser Art weiterzuschreiben. Ich lese Ihre Beiträge fast regelmäßig und freue mich jedes Mal darauf.«

Meine Sonntags-Kolumne, die während meiner Jahre als Chefredakteur der *HÖRZU* pausiert hatte, war inzwischen wieder auferstanden – bei der Konkurrenz *Welt am Sonntag*. Die Chefredakteure Claus Jacobi und Manfred Geist riefen mich Ende März 1988 an und sagten: Lieber Kollege, Sie sind inzwischen Herausgeber der *HÖRZU*, der tägliche Stress des Blattmachens ist weg, Sie haben doch sicher jetzt mehr Zeit – wie wäre es, wenn Sie Ihre Kolumne von einst bei uns wieder zum Leben erweckten?

Ich brauchte keine Sekunde zum Überlegen, ich setzte mich sofort an die Schreibmaschine, ich hatte auch sofort ein Thema, denn der damalige Verteidigungsminister Dr. Manfred Wörner hatte mich zu einem Blitzbesuch nach Washington mitgenommen und mir auf dem langen Flug in einem langen Gespräch das Problem der Politiker im heutigen Medienzeitalter erklärt:

»Wenn ich nach einer stundenlangen Diskussion das Hotel ›Bayerischer Hof‹ in München verlasse, steht da ein Friedrich Nowottny oder Ernst Dieter Lueg und bittet mich, in dreißig Sekunden zu berichten, was die Spitzen der Nato nach zwei Tagen Diskussion beschlossen haben – und das ist in so kurzer Zeit praktisch unmöglich. Um die Strategie zur Verhinderung eines Nuklearkrieges dem Publikum zu erklären, bräuchte man wenigstens ein paar Minuten, besser eine Viertelstunde, aber die gibt es im heutigen TV-Betrieb nicht, schon gar nicht in der *Tagesschau* oder bei *Heute*.«

Ich schrieb also meine erste *Welt am Sonntag*-Kolumne unter dem Eindruck dieser Blitzreise nach Washington. Sie erschien am 3. April 1988, also vor 24 Jahren, unter der Überschrift »Heute ist Sonntag« mit der Grundmelodie aller Kolumnen: Der Mensch auf der ewigen Suche nach mehr Balance im Leben. Aber lesen Sie selbst, was ich damals schrieb.

*

Welch eine Woche! Wann habe ich zuletzt so viel Grandioses – und so viel ohnmächtige Armseligkeit erlebt. Alles innerhalb weniger Tage. Alles ganz dicht beieinander. Das Leben – fast wie ein Traum. Das Leben aber auch als grausame bizarre Wirklichkeit. Da waren meine zwei Tage in Washington. Eine Blitzreise. Viele Gespräche. Die Boeing 707 schoss mich in acht Stunden fast siebentausend Kilometer über den Atlantik. Ein bisschen Stahl nur, ein paar Düsen, das satte Brummen der Motoren. Unten das Meer, oben die Sterne. Plötzlich der Blick auf New York, ein Lichtermeer im Meer, mittendrin eingefasst wie ein Edelstein die Halbinsel Manhattan.

Vor drei Generationen noch hat kein Mensch je so etwas Schönes auch nur sehen können!

Und dann, nach sechzig Stunden wieder zu Hause, mein Weg vom mächtigen Kölner Dom ein paar Schritte runter an den Rhein. Und was mir eben noch so phantastisch erschien, das Wunder des Fliegens, wurde nun durch andere Bilder verdrängt.

Der Fluss hatte sich erhoben wie ein Ungeheuer, schlammbraun, mit rasender Geschwindigkeit trieb er dahin, als sei er von allen guten Geistern verlassen. Und am Ufer standen Menschen: die einen, die dort ihre Häuser haben, total verängstigt, die anderen neugierig auf das Wasserschauspiel, ohne Eintritt, mit Fotoapparaten und Videokameras waren sie gekommen, sogar Busreisen zum »Hochwasser nach Kölle« hatte man blitzschnell arrangiert. Nur noch sechs Zentimeter, und der Vater aller deutschen Ströme würde über die Böschung treten. Flutgefahr! Lebensgefahr! Im Radio hat man den Katastrophenalarm gesendet, in den Zeitungen wurde schon von Todesopfern an der Donau berichtet.

Welch ein Szenenwechsel. Eben noch hatte ich mich an Bord des Flugzeugs wie ein König gefühlt, als Herr über Zeit und Raum, nun stand ich hier und sah – wie alle anderen – einen Fluss, der immer breiter, höher, dreckiger – böse wurde.

Wie klein kam ich mir plötzlich vor, wie ein Däumling. Irgendjemand neben mir sagte, das sei alles Menschenwerk – der Mensch habe der Natur ins Handwerk gepfuscht, und nun schlage sie zurück. Ein anderer sagte: »Das ist Gottes Faust!« Wieder ein anderer sagte: »Der Mensch kann zum Mond fliegen – aber hier auf Erden verlassen ihn die Kräfte.«

Was sah ich noch? Ein paar Techniker, die an Saugpumpen arbeiteten, ein paar Sandsäcke, die eilig herangeschleppt wurden, um die Türen der Häuser zu schützen. Sandsäcke, nur Sandsäcke – gibt es wirklich nichts Besseres? Wasserspiegel über normal: 9,94 Meter! Mit der Natur kann man eben nicht über eine Null-Lösung verhandeln.

Ein Wort fiel mir plötzlich ein, ein Wort der jüdischen Lyrikerin Else Lasker-Schüler: »Der Mensch, das sonderbare Wesen. Mit den Füßen im Schlamm, mit dem Kopf in den Sternen.«

Ja, genau das war auch mein Gefühl, ich hatte es ja in so kurzer Zeit nun selbst erlebt! Wir sind Herren und Knechte. Täter und Opfer. Mächtig und ohnmächtig. Und alles hat seinen Preis. Weil wir den Regenbogen am Himmel sehen dürfen, müssen wir auch Blitze, Donner und Regen ertragen.

Als ich den Flughafen verließ, war ich noch erfüllt von himmelhochjauchzender Lebensfreude, was die Technik unserer Generation alles an Erlebnissen schenkt. Als ich mich dann vom Rhein abwandte, dachte ich an die chiffrierte Botschaft dieser dramatischen Tage: Irgendjemand sorgt auf geheimnisvolle Weise dafür, dass wir Menschenkinder immer schön in der Balance bleiben – hier der Schlamm vom Rhein, dort die Sterne von New York und wir dazwischen. Tut es auch weh, so macht es vielleicht doch Sinn?

*

Seit 24 Jahren gibt es sie nun, diese sonntäglich kleine Alltagsphilosophie, erst wöchentlich, dann alle zwei Wochen, jetzt einmal im Monat, was mich noch mehr als früher dazu zwingt, bei den Themen höchst wählerisch zu sein. Themen, die zugleich auch Erfahrungen meines Lebens widerspiegeln.

Nun bat mich, Ende des vergangenen Jahres 2011, meine Münchner Verlegerin, aus über tausend Kolumnen, die in vierzig Jahren geschrieben wurden, die für mich wichtigsten herauszusuchen, also jene Texte, von denen ich meine, dass sie auch für meine Leserinnen und Leser noch gültige Botschaften enthalten, dass sie standgehalten haben in der Flüchtigkeit der dahineilenden Zeit. Auch für mich war die Durchsicht meiner Kolumnen eine Rückschau auf mein Leben und auch auf das, was mich berührt hat und an was ich mich immer noch gerne erinnere.

Wenn ich nun auf das Endergebnis schaue, dann stelle ich eines fest: Alle Kolumnen mit den unterschiedlichsten Themen, die den Test bestanden haben, sind zutiefst authentisch, das Ergebnis erlebter oder manchmal auch erlittener Erfahrungen. Ob es um die zermürbenden Gedanken im Wartezimmer eines Arztes geht; um den Tag, als mein Sohn geboren wurde, der mein Leben veränderte; um den Augenblick, da man um eine Freundschaft bangt. Es waren letztlich doch immer die kleinen privaten Erlebnisse, die beim Publikum das ganz große Echo fanden. Und so lesen Sie auf den folgenden Seiten dieses Buches die ausgesuchten Texte, von denen ich mir wünsche, dass sie immer noch Ihre Herzen berühren. Nicht mehr und nicht weniger sollen sie erreichen.

Das Beste aus 40 Jahren

DER TAG, DER MEIN LEBEN VERÄNDERTE

Meine Frau trägt das Kind in die Wohnung. Ich
habe ihr die Tür aufgeschlossen. »Da wären wir also«,
sage ich, und bei Gott, was Besseres ist mir nicht eingefallen, nur dieses nichts sagende »Da wären wir
also«, so, als sei man aus dem Kino heimgekehrt, und
dabei ist doch alles ganz anders: Unser Kind, zehn
Tage auf der Welt, kommt in sein Zuhause. Das ist
doch etwas Festliches, etwas Großartiges – was erleben
wir Menschen denn noch?! –, aber ich sage nur »Da
wären wir also«, und meine Frau tritt ein, legt das Kind
auf das Sofa, schaut sich in den Räumen um, die sie
zehn Tage nicht gesehen hat, freut sich über die Rosen,
die Freunde geschickt haben zur Ankunft unseres Soh-
nes und die ich natürlich in die falsche Vase gestellt
habe, ich sehe es an ihrem Blick, aber sie lächelt nur.
»Nun bin ich ja wieder da«, sagt sie – auch nichts Fei-
erliches.
Wie müsste denn dieser Tag sein? Der Himmel müsste von einem hellen Blau sein, die Sonne alles über-
strahlen, alle Blumen müssten blühen, auch die wel-
ken Blumen sich aufrichten, die alten Leute auf der
Parkbank müssten ihre Köpfe heben. Girlanden müssten gespannt sein, Musik: eine Kapelle, die einen
Marsch spielt, weil es ein Junge ist, der nun beginnt,

Tritt zu fassen im Leben, oder auch ein Tanzorchester von mir aus, mit viel Saxophon und vielen, vielen Geigen, das eine Melodie hinzaubert, die das Kind von nun an begleitet. Ja, so müsste es doch eigentlich sein, wenn ein neuer Mensch in dieser Welt einzieht, um diese Welt – was zu hoffen ist – zu bereichern, schöner zu machen – besser zumindest.

Denn von nun an geschieht doch so viel Neues, was nicht geschehen würde, wenn es dieses Kind nicht geben würde. Es gehen doch tausend Impulse von diesem kleinen Herzen aus, das da in dem kleinen, sieben Pfund schweren Körper schlägt. Viel Alltägliches darunter, natürlich. Der Mann von der Versicherung war schon da. Er wird eine Prämie verdienen. Das Blumengeschäft an der Ecke muss dauernd Rosen schicken und Nelken. Der Drogist gegenüber, wir werden seine besten Kunden sein: Milchpulver, Windeln, Seife, weich bitte, zart bitte. Puder, kleine Nagelschere, alles, alles brauchen wir. Die Telefonrechnung wird steigen bei uns, die wir Freunde anrufen, um vom Kind zu berichten. Der Arzt im Haus, er wird eines Tages kommen müssen, wenn das erste Fieber steigt; die Frau, die uns hilft, wird von nun an öfter da sein; der Standesbeamte muss den Namen beglaubigen. Sekretärinnen müssen die Formulare schreiben – dieses Kind setzt so vieles in Gang; und es wird weitergehen, es wird keine Ruhe geben: Das Kind wird wachsen, und es wird – irgendwann, später – Menschen kennenlernen und in andere Schicksale eingreifen – alles Leben ist von anderem Leben abhängig. Seine

Schwester hatte es schon erfahren: Von nun an ist ihr Leben nicht mehr denkbar ohne den Bruder. Der Beginn war voller Zärtlichkeit.

Dies, heute, ist also unser erster Tag! In der Klinik gehörte uns das Kind noch nicht ganz, da schlief es mit anderen Kindern, die es nie mehr später sehen wird, mit denen es nur die Stunden der Geburt teilt. Doch nun gehört es zu uns! Jeder Schrei wird unsere Wege an seine Wiege lenken. Jedes Lächeln wird uns glauben machen, es habe uns gemeint. Jedes Weinen wird uns beunruhigen, den Arzt womöglich alarmieren. Jeder seiner Schritte, eines Tages, wird die Hoffnung stärken, dass es sich im Leben, in diesem Durcheinander, Nebeneinander, zurechtfinden wird.

Aber dieser Tag, dieser erste Tag, ist draußen ganz alltäglich. Keine Sonne! Keine Blumen, die welk sind, richten sich auf. In kein fremdes Gesicht zaubert dieses Kind ein Lächeln. Es verändert noch nichts da draußen in der Welt.

Nur bei uns, nur in uns ist von nun an alles, alles anders. Ich nehme zum ersten Mal die kleine, winzige Hand des Kindes. Es hat die gleichen Handlinien wie ich. Unser erster Händedruck. Da tritt meine Frau ins Zimmer. Sie wird mir das Kind fortnehmen und es an die Brust legen. Und ich werde warten. Es wird Zeit brauchen, bis ich den Vorsprung einhole, den meine Frau hat. Die Frauen, sie erleben das Wunder – wir Männer, wir schauen nur zu.

MEIN SOHN, MEIN KLEINER SOHN

Ja, und dann kommst du spät zurück, trittst in die stille Wohnung, gehst in das Zimmer, in dem die Wiege steht, das Flurlicht brennt, genug Licht, um zu sehen, ob das Baby schläft, du neigst den Kopf, um seine Atemzüge zu hören – du bist beruhigt. Und dann sitzt du, noch im Mantel, vor dem Kind, das da in den nächsten Tag hinein schläft, der noch ohne Bedeutung für das Kind ist – von den fünf Flaschen Milch abgesehen, die ihm gehören und die es braucht und für die es schreit.

Und auf einmal beginnst du zu wägen. Das laute Leben draußen und das stille Leben hier bei diesem Kind. Draußen: Da war das Fest, mit all den Menschen, die du nicht kennst und die du nie kennenlernen wirst, die nur irgendwie deinen Weg kreuzen, weil der Beruf es so will oder die Gesellschaft oder die Verwandtschaft oder weiß Gott für eine Macht – du kannst dich dem ja nicht entziehen –, bist du heute nicht dabei, wirst du morgen nicht dabei sein, die Gesetze sind unerbittlich, und du musst mitlächeln und die anderen fabelhaft finden und, und, und …

Und nun hier drinnen: das Kind, sechs Wochen lang auf der Welt, ein Hauch von Leben, wenn man so will: ein Anfang, ein erster Schritt heraus aus der Gefahrenzone der ersten Tage. Es liegt in den Kissen, schlafend und – wenn nicht alles täuscht – zufrieden. Hier ist noch alles ohne Falsch. Der Schrei – die Flasche: Das ist eine ehrliche Rechnung.

Was denke ich eigentlich, hier, vor dem Kind, neben dem Kind, über dem Kind, bei dem Kind – den Zigarettenrauch zur Seite blasend, den Autoschlüssel noch in der Hand?

Ich denke: Du bist mehr für mich als alle die Menschen, die ich heute Abend gesehen habe und die alle nett waren und reizend und interessant und freundlich – das sowieso, wer ist das nicht, nimmt man das Äußere? Ja, du bist mehr für mich, obwohl du nur daliegst und obwohl du eigentlich, ehrlich gesagt, gar nichts tust, um mich zu begeistern, du bist nur klein und hilflos …

Du kannst mir keine Sprosse in meinem Beruf nach oben helfen, du kannst mir kein Frauenlächeln herzaubern, du kannst keine Mark auf mein Konto bringen, du kannst immer nur fordern: dass ich es richtig mache mit dir, schon die ersten Monate entscheiden irgendwie alles, ich kann da nur Fehler machen und mein Gewissen belasten, wenn ich die Fehler spüre.

Warum – warum eigentlich bist du mir so wichtig?

Mir fällt das herbe Wort eines Freundes ein, der einmal sagte: »Ich kann nichts für meinen Vater – und mein Vater kann nichts für mich.« Ich weiß nicht, ob du später auch so etwas sagst, aber ich weiß, in diesem Augenblick, dass es mir gleichgültig wäre: Die Hilflosigkeit deiner jungen Tage, das erste Rudern deiner

Arme, dein erstes Lächeln, das Strahlen deiner Augen, die zärtliche Berührung, von der ich hoffe, sie gilt mir – und von der ich doch weiß, dass sie ein Zufall ist –, all das allein ist Geschenk genug. Im Grunde ist es der Anfang, der sich hier zeigt – und den ich liebe. Der Anfang ist immer das Schönste im Leben, auch wenn er schwer ist: Nachher weiß man es. Der Anfang, der Beginn – der bindet.

Die Tür geht auf, meine Frau bringt die Flasche. Sie hebt das Kind langsam hoch. Während ich nur herumgedacht habe, hat sie die Flasche gemacht. »Hoffentlich erlebt es später auch so schöne Feste wie wir«, sagt meine Frau. Ja, ich wünsche dem Kind solche Feste. Aber ich wünsche ihm noch mehr: dass es irgendwann in seinem Leben von solchen Abenden heimkommt und dann auch an eine Wiege treten kann. Weil dort Wahrheit ist. Weil dort etwas beginnt. Weil dort – ja was denn? – nun sag's doch. Also bitte: weil dort Gott einen Gruß hinterlassen hat, ein Zeichen, eine Botschaft – einen Auftrag.

Da draußen, da läuft die Welt. Hier drinnen, da beginnt eine Welt. Das macht den Unterschied – und – das Glück.

DAS GLÜCK, EIN FREUND ZU SEIN

Da sind eine Handvoll Wünsche, die möchte ich Dir mit auf den Weg geben, mein kleiner Sohn. Einer davon ist der Wunsch, dass Du Freunde findest – und dass Du selber die Fähigkeit entwickelst, anderer Menschen Freund zu sein. Du sollst Freundschaft geben – und nehmen können.

Es gibt Kinderfreundschaften: bunte, leuchtende Luftballons, voller Phantasie, jäh aufsteigend, hochgerissen in den blauen Himmel, der keine Wolken und kein Ende kennt. Heiß und kalt sind diese Freundschaften, der Streit kommt schnell in die kleinen Freundschaften, fährt wie ein Gewitter dazwischen. Aber Kinder haben diese herrliche Fähigkeit, die den Großen später so unendlich schwerfällt: Sie können schnell verzeihen – und vergessen.

Es gibt Jugendfreundschaften. Auch sie steigen steil empor wie Drachen, wie Ballons, wie Flugzeuge, wie Vögel – aber sie zerbrechen nicht mehr so schnell; und zerbrechen sie doch einmal, lassen sie sich nicht mehr so leicht kitten. Ich wünsche Dir viele Jugendfreundschaften! Mit jedem Freund öffnet sich für Dich eine Tür in ein neues Stück dieser Welt. Freunde machen das Leben reicher, tiefer, sinnvoller – manchmal wird es durch Freunde auch traurig und verzweifelt, aber all das gehört dazu. Du wirst es lernen: Es gibt nichts ohne einen Preis, keinen Reichtum ohne Neid, keinen Erfolg ohne Einsamkeit, keine Freundschaft ohne Schwierigkeiten.

Schließlich gibt es – selten, das muss gesagt sein – Freundschaften, die sich noch bilden, wenn die Tore hinter der Kindheit und Jugend längst zugeschlagen sind. Aber um diese Freundschaften, mein Sohn, ist nicht mehr der Glanz, der die in jungen Jahren geschlossenen Freundschaften umgibt: der Glanz von Unbefangenheit und Selbstlosigkeit.

Später, so um die dreißig, um die vierzig, um die fünfzig, kommen – oft nur ganz leise, aber doch nicht überhörbar – die Fragen: Ist dies wirklich eine Freundschaft ohne Blick auf Karriere, Geld, Vorteile? Von der Ehrlichkeit der Antwort hängt der Wert der Freundschaft ab. Ich wünsche Dir darum viele Freunde in Deinen jungen Jahren, und wo Du sie triffst, da halte sie fest.

Und was ich mir selber wünsche, ist dies: dass mir das Glück zuteilwird, eines Tages nicht nur Dein Vater, sondern auch Dein Freund zu sein – Dein ältester sicher, aber nicht Dein schlechtester.

WER DIE JUGEND ZURÜCKHOLEN WILL,
WIRKT IRGENDWIE ÄLTER

Er wolle leben, nur noch »leben«, sagte er, und er ließ sich durch unsere Fragen, was er denn darunter genau verstünde, in keiner Weise beirren. Ja, er wolle jetzt, da er gerade die sechzig überschritten habe, aus jedem Tag herausholen, was an Vergnügungen nur herauszuholen sei.

Vom Besten immer nur das Feinste. Keine Stunde verschenken. Allem Ärger aus dem Weg gehen. In den Beruf nicht mehr Kraft als nötig investieren. »Da muss doch für anderes etwas übrig bleiben.«

Die Melodie, die hier erklang, habe ich in der letzten Zeit so oft gehört, dass ich mich frage, welche hochgepeitschten Wünsche an das eigene Leben die Menschen auf ihrem Egotrip bewegen – kann das Leben denn wirklich ein einziges Fest sein?

Nun sah unser Freund nicht so glücklich aus, wie man angesichts seiner erstaunlichen Pläne vermuten könnte: Den Kurztrip nach Teneriffa hatte er gerade hinter sich (»Ich musste einfach mal Sonne tanken«), jetzt will er eine Städtereise nach Rom einschieben, über Ostern soll dann Amerika an die Reihe kommen (»Der Flug muss nur noch bestätigt werden«) – ein Mann im Wettlauf mit seinem eigenen Schatten und dabei in seiner Seele doch erkennbar nicht glücklich.

Denn das Dilemma, immer nur eines tun zu können und auf alle anderen Erlebnisse verzichten zu müssen – dieses Dilemma kann auch er nicht auflösen. Und so lebt er im Zeitraffer, die Eindrücke wechseln immer schneller, die Schauplätze werden immer bunter, die Dramaturgie gerät dabei unversehens aus der Balance – wo Lebenskunst doch gerade darin besteht, in der Balance zu bleiben –, familiär, beruflich, körperlich, seelisch.

Natürlich beschäftigte dieser lebenshungrige Mann mit seinen Thesen (»Ich will mir noch ein Stück Jugend retten«) unsere abendlichen Gespräche. Keiner, der sich nicht insgeheim fragte, ob sein eigenes Dasein nicht ein bisschen zu still, zu farblos, ja, zu langweilig verläuft, ob er nicht auch ein bisschen mehr in sein Leben »hineinpacken« sollte. Wie überhaupt jedes Gespräch – oft uneingestanden – den Zweck verfolgt, herauszufinden, wo die anderen uns voraus sind, welche von ihren Maximen für uns selbst Gültigkeit haben könnte.

Plötzlich, zu vorgerückter Stunde, waren auch die Philosophen im Spiel; wie könnte es anders sein, wenn nach dem Lebenssinn gefragt wird? Schopenhauer, Kant, Sartre, »New Age« wurden beschworen, sogar Martin Heidegger wurde zitiert, für den die Sorge und die Angst vor dem »Nichts« zum Grunderlebnis des Menschen gehört.

An dieser Stelle des Gesprächs sagte jemand, der die halbe Welt schon ganz und vom »Nichts« noch nichts gesehen hat, der uns allen in der Runde besonders weise, abgeklärt und gleichwohl immer noch lebensneugierig erschien, den entscheidenden Satz: »Wisst ihr, jeder Mensch muss seinen eigenen Lebensrhythmus finden – und ihm dann einfach treu bleiben: Das ist das ganze Geheimnis.«

Und plötzlich sah der Mann, der immer auf der Flucht auch vor sich selbst ist und der uns vor Minuten noch so faszinierte, ein bisschen verloren aus: Ja, wer die Jugend um fast jeden Preis zurückholen will, wirkt seltsamerweise irgendwie älter.

Die erste Begegnung mit der
Wunderwelt der Bücher

Bücher, Bücher! – was für eine wundervolle, geheimnisvolle, nie ganz entschlüsselte Welt. Ich liebe es, in diese Welt einzutauchen, für Stunden die reale Welt zu vergessen, die mich umgibt, umzingelt, bedrängt, bedrückt. Bücher können der Schlüssel sein, der mich in ein zweites Leben führt – schon das Öffnen eines druckfrischen Buches ist voller Verheißung: Wenn du dich mit mir einlässt, sagt das Buch, dann gib acht: Vielleicht kann ich sogar dein Leben verändern.

Daran musste ich denken, als mich meine Frau mit der Frage überraschte: »Wenn du an deine Kindheit denkst – was war das erste Buch, das du gelesen hast, das dich beeindruckte, an das du dich auch heute nach Jahrzehnten noch erinnerst?« Es war einer jener Augenblicke, in denen uns im abendlichen Gespräch eine rückwärts gewandte Sehnsucht überfällt und wir gerne in der Schatztruhe unserer Erinnerungen die Perlen suchen – das erste Buch gehört dazu wie die erste Liebe, wie die erste Reise, der erste Kuss.

Ich musste keine Sekunde zögern – »Kai aus der Kiste«, schoss es aus mir heraus, »ja, Kai, der frech-fröhliche dreizehnjährige Zeitungsjunge im Berlin der Zwanzigerjahre, der Chef einer Bande von Straßenjungen, genannt die ›Schwarze Hand‹.« Er selbst ist die

»große Klapperschlange« und immer voller brillanter Ideen. So lässt er sich, versteckt in einer Kiste, von seinen Kumpels in das noble Hotel »Imperator« tragen, weil er es anders nicht geschafft hätte, am Portier vorbei zu dem amerikanischen Schokoladen-König Mister Joe Allan vorzudringen, der gerade per Inserat einen Reklamekönig suchte. Kai bekam seine Chance – und in einem dramatischen Wettkampf um die besten Werbegags stellte er mit seiner Bande ganz Berlin auf den Kopf, übertrumpfte mit seinen Einfällen einen erwachsenen Konkurrenten – und gewinnt: Kai wird Reklamekönig! Das ganze kleine Buch ist eine einzigartige Liebeserklärung an Berlin und die hellen Berliner Gören – wie gerne wäre ich damals, 1932, im fernen Rostock lebend mit der »Schwarzen Hand« durch die Hinterhöfe und Boulevards der großen Metropole gefegt –, Jugendträume, der Phantasie waren keine Grenzen gesetzt und das Gefühl bei der Lektüre wurde übermächtig: Wie herrlich aufregend kann das Leben sein!

Als ich mir jetzt über Ebay den 1926 erschienenen Klassiker bestellte und ein Wiederlesen mit Kai, Detektiv Fliegenpfiff, Kommissar Krumblick und dem »Schleichenden Plattfuß« von der »Schwarzen Hand« feierte, spürte ich: Der Zauber ist auch nach achtzig Jahren ungebrochen, wer möchte nicht, in einer Kiste versteckt, einmal dorthin gelangen, wo es Glück, Geld, den Glanz des Lebens in der Fülle gibt!

Seit »Kai aus der Kiste« bin ich den Büchern verfallen, unvergessen »Das rote U«, Nils Holgerssons schönste

Abenteuer mit den Wildgänsen, »Der Schatz im Silbersee« von Karl May, dann später – nun schon in amerikanischer Kriegsgefangenschaft – 1945/46 die erste Begegnung mit Ernest Hemingway, später mit dem »Kleinen Prinzen« meines Lieblingsschriftstellers Antoine de Saint-Exupéry. Unmöglich, alle die Bücher aufzuzählen, die mich buchstäblich »ergriffen« haben, die genau den Wunsch erfüllten, den der Poet Theodor Storm in seinen letzten Lebensjahren als Widmung in eines seiner Bücher für einen jüngeren Freund schrieb: »Du gehst im Morgen – ich im Abendlicht; lass mich dies Buch in deine Hände legen, und konnt' es je dein Herz bewegen, vergiss es nicht.«

Auch heute ist die Gefahr gering, dass man eine wirklich herzbewegende, die Phantasie beflügelnde Lektüre schnell vergisst. Ja, man könnte fast ein Fragespiel beginnen: Sage mir, welche Bücher dich berührt haben, und ich sage dir, wer du bist. Und was bedeutet das für mich, für den »Kai aus der Kiste« die erste Begegnung mit der Wunderwelt der Bücher war? »Irgendwie bist du ganz schön sentimental geblieben«, sagte meine Frau lakonisch, als ich ihr das Buch zu lesen gab. Darüber muss ich jetzt mal länger nachdenken. Nur eines ist sicher: Meine Berlin-Liebe begann mit Kai.

ICH GEHÖRE ZU DER GENERATION, DIE NOCH IMMER KEIN ALTES BROT WEGWERFEN KANN

Liebe Psychologen, ich habe eine Bitte: Lasst uns, die wir den monströsen Krieg von 1939 bis 1945 als Kinder durchlebt haben, in Ruhe. Buddelt nicht in unserer Seele, legt uns nicht auf die Couch. Zertrümmert nicht das »letzte Tabu«: Die traumatischen Erlebnisse jener Menschen, die damals selbst nachts dem Schrecken des Krieges nicht ausweichen konnten, weil Sirenen die todbringenden Bombengeschwader ankündigten, Fliegeralarm, Zittern um das eigene Leben in kalten feuchten Kellern.

Nach dem Motto »Da muss es doch noch etwas geben, was wir in sechs Jahrzehnten glatt übersehen haben« erleben wir jetzt eine Springflut von Büchern, die verkünden: Die Kriegskinder der Jahrgänge von 1930 bis 1945 wurden durch Bomben, Flucht, Hunger und Gefangenschaft geschädigt.

Und das Bestürzende ist: Sie wissen es leider nicht. Darum muss man es ihnen endlich sagen, und zwar mit den »richtigen Vokabeln«!

Ich bin einer von denen, die zu dieser so genannten »vergessenen Generation« gehören. Ich hatte Todesängste ohne Ende zu überstehen: als Schulkind im Luftschutzbunker in Berlin, als Flakhelfer bei den Leuna-Werken in Merseburg, als kleiner Schütze, nur mit einer Panzerfaust bewaffnet, im Feuerhagel der Amerikaner in einem Wald bei Rinteln an der Weser – Hitlers letztes Aufgebot.

Und dann als Kriegsgefangener in dem Hungerlager bei Bad Kreuznach. Erst in den folgenden eineinhalb Jahren als PoW bei den Amis in Châlons-sur-Marne gab es ein Aufatmen: Ich bin davongekommen. Ich lebe! Welch ein Geschenk!

Und nun kommen plötzlich, wie von Geisterhand gerufen, Experten und schreiben Erstaunliches über die heute 60- bis 75-Jährigen: Sie seien »traumatisiert«, würden von geheimen Ängsten »überflutet«, hätten ihre Gefühle »eingekapselt«, die Kriegserlebnisse wären in ihren Köpfen »eingraviert«, deshalb seien sie mit einer »emotionalen Hornhaut« ausgestattet und hätten wegen all dieser bisher unentdeckten seelischen Verwundungen ihr »wahres Selbst« nicht verwirklichen können.

Eine Psychotherapeutin hält es sogar für möglich, dass diese Beschädigungen an Kinder und Enkel weitervererbt würden – sie nennt das »transgenerationale Transmission« –, heute muss halt alles einen wissenschaftlich klingenden Namen haben.

Nein, liebe Freunde an der Seelenfront: Beendet bitte dieses letzte Gefecht, bevor es richtig beginnt. Richtig ist: Wir hatten damals keine Zeit, um uns selbst zu analysieren. Wir mussten erst die Toten beweinen und dann die Trümmer beseitigen. Seelenstriptease war uns fremd. »Selbstverwirklichung«? Fehlanzeige.

Heute würde man ein Heer von Kinderpsychologen und ein Netz von Beratungsstellen flächendeckend

aufbieten, um die Kriegserlebnisse mit ihrer Allgegenwart des Todes »aufzuarbeiten«, heißt es in einer dieser
Schriften.

Vor allem würde man die Beziehungsprobleme und
die »Bindungsunfähigkeit« behandeln, unter denen die
Kriegskinder bis heute leiden. Kaputte Seelen in einer
kaputten Welt.

Mit Verlaub: Ich staune nur. Ich sehe anderes. Ich
sehe, wie heute »Beziehungskisten« geräuschvoll
wackeln. Wie jede zweite Ehe in die Binsen geht. Wie
der Mut zum Kind fehlt – die niedrigste Geburtenrate,
die es je in Deutschland gab. Und wie die Ich-bin-ich-
Generation voller Probleme steckt, wahrlich ein weites
Feld für Psychologen und Psychiater.

Uns Ruheständler aber sollten Sie bitte in Ruhe lassen!
Auch wenn wir immer noch kein altes Brot wegwerfen
können …

Was fängt man mit der grossen Freiheit an?

Es gibt Augenblicke, da erwischt es dich kalt. Wir saßen beim Frühstück, meine Frau hatte gerade telefoniert, nun kam der Satz, auf den ich nicht vorbereitet war und mit dem ich zunächst auch nichts anzufangen wusste. Sie hätte soeben mit unserer Tochter gesprochen, auch der Schwiegersohn sei kurz am Apparat gewesen. »Die Kinder« hätten eine Bitte, da könne sie nicht Nein sagen, auch wenn die eigenen Pläne nun hintangestellt werden mussten. Und das würde natürlich auch mich betreffen.

Meine Frau also sprach: »Ich werde dich jetzt drei Wochen alleine lassen.« Rums. Das war der Satz, der mich ansprang wie ein kläffender Hund.

Sie musste den Satz nicht ergänzen, ich wusste auch so Bescheid: Die Enkel, »die besten Enkel dieser Welt«, sollten eingehütet werden.

Nun steckt in diesem Satz, wenn man ihn ohne jede Wertung betrachtet, verschlüsselt eine doppelte Botschaft: Du bist drei lange Wochen Strohwitwer – ein dusseliges Wort, wie ich finde –, aber was die Sache als solche angeht …

Kurzum! Der Mensch erlebt Situationen, da schwingen sich die Gedanken auf, da bekommt die Phantasie Flügel, da stellt man sich allerlei Tolles, vielleicht sogar

35

Verwegenes vor, da mischen sich neue Farben in das Spiel des Lebens – und dies war genau eine solche Situation.

Mein bester Freund, dem ich am Telefon davon erzählte, schnalzte sogar einmal ganz kurz mit der Zunge. Männerphantasien.

Ich will nicht behaupten, dass meine Frau den inhaltsschweren Satz triumphierend sagte. Aber wenn ich nachträglich noch einmal in ihn hineinhöre, dann war da doch ein Unterton, der etwa lauten könnte: »Nun sieh mal zu, wie das ist, wenn du ohne mich zurechtkommen musst.«

Am Morgen ihrer Abreise wurden noch ein paar Direktiven erteilt, eine Art Strohwitwer-Dienstanweisung für den Umgang mit dem Hausmeister, der Zugehfrau, dem Getränkedienst, dem Stromableser, dem Klempner, dem Waschmaschinenmann, den vielen Freunden, die wir wieder ausladen mussten.

Dann fuhr sie davon – und dann kam das große »Hallo, Freiheit«: Ich betrat die Wohnung, und alles war anders. Jetzt konnte ich schalten und walten, wie ich wollte. Kein Hauch von Rücksichtnahme. Ich drehte das Radio voll auf. Ich verteilte meine Sachen in allen Räumen.

Ich hockte nachts als »zappendes« Menschenbündel vor der Glotze, surfte durch dreißig Programme, hatte trotz aller Kanäle den TV-Kanal noch immer nicht voll, ein Laster, dem ich sonst kaum frönen darf, meine Frau hat dafür nur Verachtung übrig.

Was die eher profanen Dinge anging, so streckte ich als

Erstes die für zwei Tage vorgekochte Erbsensuppe mittels einer Tasse Wasser auf drei Tage und meisterte im Übrigen, wie ich für mich selbst befand, auch sonst ganz geschickt die Situationen des Tages.

Wenn meine Frau mich anrief, um zu hören, wie es mir »in der großen Freiheit« so ergehen würde, dann sagte ich in der ersten Woche tapfer und durchaus ehrlich: »Wunderbar.«

In der zweiten Woche sagte ich nur noch: »Alles in Ordnung.« In der dritten Woche wurde ich kleinlauter …

Also, um es kurz zu machen: Ich kann es gar nicht erwarten, dass sie wieder da ist! Ich will hier kein leeres Stroh dreschen: Aber das Strohwitwerleben ist leider, je länger, desto schlimmer, genauso, wie es klingt.

SCHLAFENDE TRÄUME SOLL MAN
NICHT WECKEN

Plötzlich kommt dann auf eine sehr geheimnisvolle Weise dieses Gefühl: Man müsste doch einmal wieder die Stätten seiner Jugend besuchen. Dort vorbeischauen, wo man als Kind Träume vom Himmel holte. Nur einmal nachsehen, ob noch alles so ist, wie es in den Gedanken aufgezeichnet ist: so groß, so weitläufig, so bunt, so ungeheuer lebendig. Und dann macht man den Fehler und fährt eines Tages – vielleicht auf einer Ferienreise, vielleicht auf einer Dienstreise, vielleicht in den besinnlichen Tagen zwischen den Festen – wirklich hinein in seine eigene Vergangenheit.

Schon die Einbiegung in die Straße, die ich so oft gegangen war – ich bin sie gegangen bis zum Abitur –, schon diese Einbiegung lässt erkennen, dass die Erinnerungen alles verschoben haben.

Oder: Dass inzwischen Straßenbauer am Werk gewesen sind, denn die Kurve am Stadtpark ist schneller genommen, der Weg ist kürzer, das Ziel viel kleiner – das damalige Elternhaus, da steht es nun seltsam vertraut und fremd zugleich. Es ist viel schmächtiger, es passt so gar nicht zu meiner großartigen Vorstellung.

Die Tür zum Garten: verwittert. Die Hecke, in der wir uns versteckten, um die heimkehrende Mutter zu überfallen, würde Dornröschen zur Ehre gereichen.

Die Tannen, die fünf stolzen Paradestücke vor dem Haus: Jetzt erst hatten sie den Schornstein knapp überrundet – wie hoch waren sie mir schon damals, vor Jahrzehnten, erschienen!

Alles machte einen dahinwelkenden Eindruck. Ich schlich um das Haus, wurde aus dem Küchenfenster argwöhnisch beobachtet – wer hat schon gern, wenn sein Besitz so genau inspiziert wird –, und ich konnte doch nicht erklären, wie harmlos dieser Ausflug in die Vergangenheit zu bewerten ist.

Ich wusste nur, dass ich in ebenjener Küche absichtlich einen Topf Spinat vom Herd gestoßen hatte, als niemand in der Küche war – ich konnte Spinat nicht ausstehen.

Auf der Rückseite des Hauses: die Fliederlaube, in der ich meine Schularbeiten machte, sobald der Sommer kam, aber auch hier war alles Verwunschene verschwunden.

Und auch der Himmel über dem Haus kam mir kleiner, unbedeutender vor, als ich ihn in Erinnerung hatte.

Spätestens in diesem Augenblick spürte ich, dass ich einer doppelten Täuschung zum Opfer gefallen war: Die Dinge des Lebens sind eben nicht nur die viel beschworenen Realitäten, sie sind eben auch die Bilder, die wir uns von ihnen machen.

Mein Elternhaus war bis vor wenigen Stunden für mich gewesen: groß, nobel, weitläufig, von Sonne überstrahlt, von Flieder umzäunt, inmitten eines Tannenwaldes, eine herrliche Geschichte mit einem roten Luftballon am Schornstein.

Und sogar das Fahrrad, das mir auf dem Schulhof gestohlen worden war und noch lange durch meine verängstigten Träume fuhr, kam auf eine geheimnisvolle Weise immer wieder, wie es eben nur in Träumen und in Märchen geschieht …

Und nun? Nach diesem Besuch war mein Elternhaus: nicht so groß, bei weitem nicht so nobel, an einer Straße gelegen, die schon eine so merkwürdig armselige Einbiegung hat – wirklich: Ich hätte diesen Besuch in der Erinnerung nicht machen dürfen.

Wann werde ich nur begreifen, dass die Wahrheiten von gestern nichts mit den Wahrheiten von heute zu tun haben? Schlafende Träume sollte man wohl doch nicht wecken.

HOCHZEITSREDE EINES VATERS:
ELTERN KÖNNEN IHRE KINDER NIE VERLASSEN

Meine liebe Tochter. An diesem Hochzeitstag, da du in dein eigenes Leben eintrittst – da stehe ich, dein Vater, mit einer Art von Hilflosigkeit am Wege, die so ganz anders ist als jede Art von Hilflosigkeit, die ich sonst in meinem Leben erfahren musste. Es ist die Hilflosigkeit des Glücks. Es ist das Gefühl, dass meine Wünsche sich schneller verbrauchen als deine Schritte vorwärts gehen – und es ist ein ehrliches Stück Abschied in diesem Tag: Lass mich nachdenken, was ich dir mit auf den Weg geben kann, ohne dass du überfordert wirst. Eine Handvoll Wünsche also, mehr nicht.

Da wäre zunächst mein Wunsch, dass dein Mann es ehrlich mit dir meint, dass er in dir nicht nur die Frau sieht – sondern den Menschen. Der Reiz, den Jugend und Schönheit ausmachen – beides ist ein Geschenk, beides verflüchtigt sich, viel schneller, als man ja glaubt –, reicht nicht aus für eine gute Ehe. Größere Chancen gebe ich dem Gefühl des gegenseitigen Besorgtseins. Eure Ehe sei ein einziges langes, gutes Gespräch. Der Kuss ist eine herrliche Sache – aber die Hand, die noch einmal zärtlich über dein Gesicht streicht, während du schon im Einschlafen bist, verrät dir, wie es – nicht um die Verliebtheit, sondern um die Liebe, die allein von Dauer ist – wirklich bestellt ist.

Dann wünsche ich dir, dass du eine wunderbare Gabe nicht verlierst: an die Sonne zu glauben, auch wenn sie hinter Wolken verborgen ist. In der Ehe wird es diese verhangenen, trostlosen Tage geben, denn die Ehe ist ein Teil des Lebens, und auch dieser Teil unterliegt den Gesetzen des Lebens: Es gibt keinen Naturschutzpark für Eheleute, es gibt keine Schonzeit für die Liebe. Der Ärger mit dem Beruf, die leidige Sache mit dem Geld, die Hoffnungslosigkeit, die den Menschen zeitweise in die Tiefe zieht, leider auch Krankheiten, all das wird vor eurer Haustür nicht Halt machen.

Ich wünsche dir, drittens, Kinder. Jedes Kind ist ein Händedruck mit der Zukunft. Kinder lenken den Blick nach vorn. Die Gegenwart ist lebendiger – und es bleibt weniger Zeit, sich um sich selbst zu drehen wie ein Brummkreisel: Kinder schärfen den Blick für das Wesentliche und das Beglückende.

Darf ich, als Nächstes, einen Wunsch vortragen, der auf den ersten Blick etwas sonderbar klingt: Ich möchte dir wünschen, dass du dich freihältst von der Jagd nach den so genannten »äußeren Dingen«. Nicht, dass ich dir nicht eine schöne Wohnung wünschte oder wunderbare Reisen oder kostbare Kleider oder gute Plätze, wo immer du sein möchtest: im Theater, beim Ball, bei Gesellschaften. Aber nimm das alles nicht so wichtig. Der Tanz um die »goldenen Kälber«, von denen der Dichter spricht, ist nicht lohnend: »Halte fest: Du hast vom Leben doch am Ende nur dich selbst.« Du kannst deinem Mann, du kannst deinen Kindern, du kannst den Menschen um dich herum nur etwas sein, wenn du dir selbst etwas bist. Der wahre Reichtum besteht nicht in den Dingen, die ein Mensch besitzt, sondern in den Dingen, die er bekommen könnte: Die Möglichkeiten sind von größerer Faszination als die Erfüllung. So nimm auch diesen Tag der Hochzeit nicht als Tag der Erfüllung, sondern als den Tag des Beginns.

Eine Handvoll Wünsche, mehr nicht, so habe ich es versprochen. Darum hier mein letzter Wunsch, und er ist so einfach, dass ich ihn kaum zu nennen wage: Ich wünsch dir Glück; pures, schieres, einfaches Glück. Ich kenne zu viele Menschen, die trotz allem Fleiß, aller Aufrichtigkeit, aller Mühsal ein Leben ohne Glanz führen. Die immer, wohin sie auch gehen, an eine Mauer stoßen; deren Augen wie blinde Spiegel sind; deren Ohren selten einen Jubelschrei hören; deren Hände nur Arbeit kennen – und die einen zärtlichen Gegendruck kaum gespürt haben. All diese Menschen haben auch nur ein Leben zu leben, all diese Menschen bekommen keine zweite Chance. Man braucht einen Schuss Glück, sonst geht es nur schwer voran, und darum wünsche ich dir dieses Glück.
Die Tür, die heute hinter deiner Kindheit und Jugend ins Schloss fällt, an diesem Tage, zu dieser Stunde – sie fällt nicht ins Schloss: Sie bleibt einen ganz kleinen Spalt offen. Der Spalt ist zu klein, als dass du zurückkönntest, mein Kind – aber er ist groß genug, dass deine Eltern immer ganz schnell zu dir kommen können, wenn du Hilfe oder Rat brauchst.

LIEBE KENNT KEINE VORANMELDUNG

Der Tag mag sein, wie er will, sonnig und heiter oder dunkel und mit Wolken verhangen, wir mögen müde sein, hellwach, munter oder traurig, die Weltlage mag schief sein oder gerade, die Erde voll von Hiobsbotschaften, irgendwie lenken wir irgendwann unsere Schritte irgendwo hin – und dann geschieht es ...

Wir hätten auch ganz woanders sein können in dieser Minute, die nun so wichtig wird, und wir werden später sagen, dass das »Schicksal« mit im Bunde war. Und so sind wir nun hier und schauen in ein Paar Augen, in ein Lächeln, wenn wir Glück haben.

Alle unsere Sinne werden sekundenschnell wach, wir sind, während wir senden, gleichsam auf Empfang, weil wir spüren, dass etwas Wunderbares im Entstehen ist – die Liebe ist da.

Natürlich wissen wir nicht, wie wir mit diesem Gefühl umgehen müssen, weil sein Wesen nicht die Vergleichbarkeit ist, sondern die Einmaligkeit, ähnlich der hoch gespannten Stimmung bei einer Premiere. Wir kennen das Stück nicht, das nun beginnt, und wissen schon gar nicht, wie es enden wird. Die Liebe kennt keine Voranmeldung, sie gibt keine Visitenkarten ab, sie kommt vielmehr meist unscheinbar daher und will behutsam angenommen werden, obwohl sie – Babys kurz nach der Geburt vergleichbar – viel stärker belastbar ist, als wir meinen.

Denn die Liebe erträgt in Wahrheit alles: den mutigen Angriff, die schüchterne Annäherung, das raffinierte Werben, das Zupacken, die Zärtlichkeit. Nur eines erträgt sie nicht: dass nichts geschieht. Man muss die Gelegenheit buchstäblich beim Schopfe packen.

Aber dann beginnt sofort die große Verzauberung. Wie in einem Vexierbild erscheint die Welt völlig neu: andere Farben, Töne, Gedanken, Träume und Taten.

Das Bedeutende am Beginn einer Liebe ist ihr prägender Charakter – wenn hier etwas schiefläuft, wenn neben Enttäuschungen und Tränen auch noch seelische Verletzungen hinzukommen, dann kann das ein Schaden sein, von dem man sich nur schwer wieder erholt.

Das Schönste am Beginn der Liebe ist, dass sie einem als Geschenk erscheint. Sie ist nicht zu erzwingen, zu kaufen, zu manipulieren. Sie ist ganz da – oder gar nicht. Die plötzliche Nähe zu einem Menschen, der gestern noch ohne Bedeutung, ja nicht einmal sichtbar war, verwandelt uns.

Dieser Mensch kann Fehler haben, er kann ganz anders sein und auch aussehen, als wir ihn uns erträumt haben, nur eines muss geschehen: Der Funke muss überspringen.

Und der Gedanke, dass diese Liebe morgen zu Ende sein könnte, dass sie im Streit zerbricht oder langsam vor sich hinstirbt? Dieser Gedanke ist höchstens als eine Angst für kurze Momente in dir, der Preis für das Glück, das von außen so unbeschwert erscheint.

Dem einen gelingt es, die Liebe festzuhalten, dem anderen entgleitet sie wieder. Aber selbst hierbei geschieht Wundersames: Sogar diesen Verlust, schmerzhaft wie kaum ein anderer, möchte niemand missen. Die Erinnerung bleibt kostbar. Denn eine echte Liebe, die ernsthafte Zwillingsschwester der leichtfüßigen Verliebtheit, ist von dem Gefühl bestimmt, dass eigentlich alles erst begann, als der geliebte Mensch kam.

Ist es nicht ein Armutszeugnis, dass die Menschen oft unfähig sind, etwas so Schönes festzuhalten und zu bewahren?

EINLADUNGEN KÖNNEN EINEM
TROTZDEM ETWAS GEBEN

»Gehen wir da hin?«, frage ich meine Frau, als ich eine Einladung zu einem »Neujahrsempfang« in der Post finde; einer von den vielen zehntausend Empfängen, die im Januar das ganze Land und das taufrische Jahr wie ein Tsunami überrollen. »Es ist doch immer dasselbe: Du stehst inmitten von Hunderten, du suchst nach einem bekannten Gesicht, schüttelst ein paar Hände, tauschst ein paar Gesprächsfetzen – wenn du Glück hast – und das war es dann.« Mit diesen Worten versuchte ich, meine Frau zu einer Absage zu überreden.

Aber: Weit gefehlt! »Natürlich gehen wir da hin«, sagte meine Frau. »Du bist aber gar nicht eingeladen«, antwortete ich nun blitzschnell, denn ich hatte soeben entdeckt: Ihr Name steht gar nicht auf der Einladung. »Aber dann geh doch wenigstens du, für mich ist ein solcher Empfang nicht wichtig.«

Damit war der Schwarze Peter bei mir, zumal meine Frau noch eine Weisheit nachgeschoben hat, die auf genauer Beobachtung des immer schneller laufenden Event-Karussells beruht: »Wenn du absagst, bist du in Zukunft nicht mehr auf der Einladungsliste. Und das willst du doch auch nicht.« Um es kurz zu machen: Ich folgte der Einladung und – ich habe es nicht bereut! Ja, ich habe es sogar genossen, dabei zu sein im Gedränge an der Garderobe, im Saal, an der Bar, bei den Reden. Denn was ist ein Empfang – und erst recht: Was ist ein Neujahrsempfang?

Ein Empfang sagt dir: Du bist nicht allein. Du bist es wert, eingeladen zu werden. Vor 2000 Jahren schrieb Seneca: »Das Leben ist eine Bühne, du kommst, schaust und gehst.« Der Empfang ist die klitzekleine Bühne in der großen Bühne, auf der wir alle das Stück »Unser Leben« spielen. Empfänge sind wie Partys keine Mittel gegen Einsamkeit, nur eines gegen das Alleinsein. Aber es gibt einen Urtrieb in uns: Wir möchten erforschen, wie schnell die Lebensuhr bei anderen Menschen läuft, was es für Glücksrezepte gibt, die wir noch nicht kennen. Die Gesprächsfetzen sind wie Morsezeichen: »Wir müssen uns unbedingt mal treffen.« – »Ich rufe Sie morgen an.« – »Blendend schauen Sie aus!« – »Wenn Sie wüssten, wie oft wir von Ihnen gesprochen haben.« – »Sie werden überhaupt nicht älter.« Und dann die scheinheilige Frage: »Wie machen Sie das eigentlich?«

Was den Neujahrsempfang von allen anderen Empfängen unterscheidet, ist der Zauber, der jedem Anfang innewohnt. Neues Jahr, neues Spiel, neues Glück. Es sieht im Januar so endlos aus, das neue Jahr. Ist es ein Teppich, weich und einladend? Ist es eine Straße voller Warndreiecke? Ist es ein dunkler Wald, in den wir wie Kinder pfeifend hineinlaufen? Ist es ein Meer, stürmend, bedrohend? Wir wissen nicht, was auf uns zukommt. Da ist es beruhigend festzustellen: Man ist wenigstens nicht allein.

Als ich nach zwei Stunden ging, hatte ich 22 persönlich formulierte Wünsche für ein gesundes neues Jahr eingesammelt, so viel Zuwendung auf einen Schlag gibt es sonst nirgends. Und es war alles viel leichter, fröhlicher, auch herzlicher, als ich es mir vorgestellt hatte.

Das Erfolgsgeheimnis solcher Empfänge hatte sich mir an diesem Morgen wieder einmal offenbart: Ich muss nicht bei einem gesetzten Essen an der Seite eines fremdbestimmten Nachbarn festgeschraubt und für Stunden an ihn gefesselt ein Gespräch führen, das mich vielleicht überhaupt nicht interessiert – Empfang bedeutet vielmehr: die ganz große Auswahl, den Small Talk, den Austausch von Visitenkarten, die Schnellfeuerwaffen der Kommunikation – Empfang bedeutet die Überraschung, Menschen plötzlich wiederzusehen, die man schon jahrelang aus den Augen verloren hatte, bedeutet auch die Freiheit, sich aus dem Staub zu machen. – »Wir sehen uns noch«, heißt die Formel. All das kann man natürlich nur genießen, wenn man eingeladen ist.

Aber auch bei Empfängen ist es wie im richtigen Leben. Ich erinnere mich an ein Wort von Hans Carossa: »Leben ist eine Zusammenkunft, zu der immer nur eine begrenzte Zahl geladen ist – und nie wird die Einladung wiederholt.« Ein dramatisches Wort! Es bedeutet: Wir müssen hier und heute unseren Part spielen. Und was im Großen gilt, gilt auch im

Kleinen: Sind Sie eingeladen, gehen Sie hin! Seien Sie aufmerksam zu denen, die Ihre Nähe suchen. Genießen Sie die Aufmerksamkeit, die man Ihnen schenkt. Denn Aufmerksamkeit ist die kostbarste Währung unserer Zeit.

Ich sitze im Wartezimmer. Ich sitze jetzt genau zwanzig Minuten. Ich habe erst in einer Illustrierten geblättert, sie dann aber zur Seite gelegt. Zu nervös. Ich schaue mich in den Gesichtern der Menschen um. Keiner redet ein Wort. Alle warten auf den Arzt, die Untersuchung, die Diagnose. Alle denken insgeheim: Lieber Gott, lass die Diagnose kein Fallbeil sein.
Inzwischen sind weitere sieben Minuten vergangen. Ich hatte mir vorgenommen, exakt nach einer halben Stunde – nicht früher, nicht später – die Dame an dem Empfang daran zu erinnern, dass ich für 14 Uhr bestellt sei, »da geht es bei uns nicht so turbulent wie am Morgen zu«, hatte sie mir versprochen.
Aber ich traue mich nicht. Im Wartezimmer wirst du auf Normalgröße zurückgestutzt. Und der Schmerz, den ich tief in mir spüre, flüstert mir zu: Mach keinen Fehler, halte aus, du musst wissen, was dich so aus der Bahn geworfen hat, ohne die richtige Diagnose gibt es nicht das »Glück der Abwesenheit von Schmerz«, das schönste Glück, das ich kenne, je älter ich werde.
Ich bin neu in dieser Praxis, da ist es zwecklos, auf Einhaltung des Termins zu drängen, noch dazu, wenn man freundlich »dazwischengeschoben« wurde – »Der Herr Doktor verzichtet schon seit Langem auf die Mit-

tagspause.« – »Wieso denn das?«, hatte ich am Telefon zurückgefragt. »Haben Sie nie etwas von der Gesundheitsreform gehört, die die Ärzte krank macht?« Die Schwester war ganz schön frech, und sie wusste es, denn sie lachte bei diesen Worten.

Dann endlich werde ich aufgerufen. »Bitte nehmen Sie die rechte Tür.« Und siehe da: Der Arzt steht leibhaftig vor mir. Ich war nicht in eine Kabine geschleust worden, um mich »freizumachen«, was ich zuerst befürchtet hatte: Ein beliebter Trick, so hatte ich gelesen, mit dem Patienten eingeschüchtert werden – wer in der Zelle einige Zeit vor Kälte schlotternd wartet, begreift schnell, wer hier das Sagen hat, das Tempo bestimmt. Geduld ist angebracht.

Ich stehe also vor dem Arzt. »Schießen Sie mal los …« Er will hören, wo bei mir der Schuh drückt – aber eigentlich will er es auch wieder nicht hören, denn nach wenigen Sekunden schon unterbricht er mich … Das ist ja wie in Amerika, denke ich, wo Forscher nachgewiesen haben, dass sich ein Arzt die Leidensstory eines Patienten im Durchschnitt nur 22 Sekunden anhört, dann würgt er ihn ab, um Zeit zu sparen. Aber auch bei uns in Europa ist es nicht besser: Hier erzählt ein Kranker im Durchschnitt in höchstens zwei Minuten, wie es ihm geht, was ihm fehlt, wo er Hilfe erwartet, wie eine Studie der Universität Basel nachgewiesen hat.

Mit anderen Worten: Im Wartezimmer läuft der Minuten- oder gar Stundenzeiger, im Untersuchungszimmer hingegen der Sekundenzeiger, ein trauriger Befund.

Unwillkürlich musste ich bei Lektüre dieser aktuell ermittelten Zahlen an eine Szene im Deutschen Herzzentrum in Berlin zurückdenken. Dort sah ich im Treppenhaus Professor Roland Hetzer stehen, den Chefarzt, der schon über hundert Herzen transplantiert hat. Einer der ganz Großen seines Fachs. Vor ihm an einer Säule auf einer Treppenstufe stand eine junge Mutter. Sie hängt buchstäblich an den Lippen des Arztes, das Gespräch dauert zehn, zwanzig Minuten.

Später sagte Professor Hetzer zu mir: »Entschuldigen Sie, dass ich Sie warten ließ. Aber in einem schwierigen Fall muss man sich als Arzt alle Zeit für ein wichtiges Gespräch nehmen. In diesem Fall ging es um Komplikationen am Herzen eines frisch operierten Babys, da konnte ich die Frau unmöglich ohne Antwort lassen. Wir Ärzte müssen den Patienten zeigen, dass sie nicht ein Fall in einer Versuchsreihe oder ein Objekt des Geldverdienens sind.«

Und nach einer kleinen Pause des Nachdenkens fügte Professor Hetzer hinzu: »Ich bin immer wieder überrascht, wie wenige meiner Kollegen das verstehen.«

Wenn die Sonne nur noch
von der Seite in das Leben scheint

Vielleicht war es nur ein Zufall, vielleicht die Vorsaison, gleichviel: In jenem bayerischen Wirtshaus am Tegernsee, in dem ich mein Abendessen einnehmen wollte, sah ich ringsum nur ältere Leute. So kann man zwar keine Geschichte beginnen, aber so ist es nun einmal gewesen. Das einzige junge Paar verließ gerade den Raum, als ich kam – auch dieses sicher ein Zufall. So saß ich – selbst Anfang fünfzig – inmitten der Alten und hatte Zeit, in Ruhe zu beobachten.

Und ich sah: Die Gesichter der Menschen sind nicht wie Uhren, man kann in ihnen die Zeit nicht genau ablesen. Dass Falten alt machen, ist eine Erfindung: Der Mann mir gegenüber hat sicher alle Falten der Welt in sich vereinigt, Siege, Niederlagen erlebt, aber wie begeistert er seine Hände kreisen lässt, wenn er spricht – dagegen wirken manche dreißigjährige Glattgesichter müde, verbraucht, steinalt.

Alte Frauen sind demütig. Sie bestellen nach ihrem Mann, und doch ist alles ein Irrtum: In Wahrheit sind sie nur glücklich, wenn er glücklich ist, und er ist nur glücklich, wenn er zuerst bestellt, denn das ist immer so gewesen, zehn, zwanzig, dreißig Jahre lang, Fehler binden aneinander mehr als Freuden, und so sagt er: »Für mich den Jägerbraten – und für meine Frau …«

Und die Frau lächelt still: Was ist denn in diesem Augenblick auch schon wirklich wichtig?

Alte Leute können unglaublich lange schweigen. Da drüben: Ein Mann und eine Frau sitzen schon eine kleine Ewigkeit beieinander und sagen nichts. Ein lang gelebtes Leben erlaubt die Verständigung in Kürzeln. Sieh da, wie die alte Frau plötzlich ihre kleine Hand in seine große Hand hineinlegt, hineindreht, hineinmogelt – welches Wort trifft diese schnelle Zärtlichkeit genau?

Natürlich wissen alle hier im Saal um den sanften Abstieg, haben sie alle Höhen hinter sich, die Sonne fällt nur noch von der Seite in ihr Leben. Und doch war eine seltsam anrührende, fast fröhliche Stimmung in dem Raum. Vielleicht lag es daran, dass überhaupt nichts da war von dem »Schaut-mal-her-wie-fabelhaft-ich-bin-Getue«, das wir, so um die gefährlichen fünfzig, gerne so dreist, so ungemütlich um uns verbreiten. Dafür gab es jene nachdenkliche Dankbarkeit, die heute so kostbar ist. Und dies alles bei Menschen, die nicht den endlosen Horizont vor sich sehen, sondern harte Grenzmarkierungen. Ich habe mit den Alten nicht gesprochen. Aber als ich ging, glaubte ich, doch einiges verstanden zu haben.

VERZEIHUNG, ICH WAR SEHR IN EILE

Er war ein Nachbar, nur ein paar Wände trennten sein Leben von meinem Leben, wir gingen auf derselben Straße vor unserem Haus, viele tausend Male, ich wusste nach all den Jahren seinen Nachnamen, den Vornamen wusste ich nicht. Nur einmal habe ich an seiner Wohnungstür geklingelt, als der Postbote eine Drucksache, die für ihn bestimmt war, irrtümlich bei mir abgegeben hatte; er bat mich, doch einzutreten, aber ich war in Eile, wie immer in Eile, und so sagte ich: »Ein anderes Mal, vielen Dank« – und ging.

Wir trafen uns dann später seltener, mir fiel nur auf, dass in seinem Zimmer nachts lange das Licht brannte, manche Nacht schien es überhaupt nicht zu erlöschen, ich war dennoch nicht in Sorge, ich kannte ja nur seinen Nachnamen, den Vornamen kannte ich nicht, wusste nur – woher eigentlich? –, dass er es am Herzen hatte, rote Äderchen in seinem Gesicht waren mir einmal aufgefallen, aber was besagt das schon? – Und ich vermochte sein Alter zu schätzen: etwas über fünfzig, ein Irrtum, wie sich später herausstellen sollte. Mehr wusste ich nicht von dem freundlichen Mann, mit dem ich ein »Wie-geht's« und ein »Danke-gut« hin- und hergrüßte, Floskeln, im Vorbeigehen. Er hatte, eindeutig, immer etwas mehr Zeit als ich, schien auf ein Gespräch zu hoffen, rief mir kürzlich erst über die Straße hinweg die liebenswürdige Mahnung zu: »Sie wollten mich doch einmal besuchen!« – Aber da schoben sich Autos zwischen seine Aufforderung und meine Antwort, von der ich so schnell nicht wusste, wie sie eigentlich lauten könnte.

Es hat ja auch noch Zeit, dachte ich, aber ich sollte das nächste Mal wirklich zu ihm gehen, was sind schon zehn Minuten, wie viele zehn Minuten vergeudet man nicht sinnlos an einem Tag, und diese zehn Minuten würden nicht einmal sinnlos sein, denn der Mann hatte ja ein Leben gelebt, er hatte sicher etwas zu sagen, er war nur an den Rand gedrängt worden, und er hat es am Herzen, ich sagte es schon, da wird man schnell beiseitegeschoben, heute – was soll ich noch berichten?

Gestern hörte ich, dass der Nachbar gestorben ist, Herzinfarkt – Ende vierzig. Nur ein paar Wände trennten sein Leben von meinem Leben – und ein paar Gedankenlosigkeiten. Und der kleine große Irrtum, dass man immer glaubt, alles eines Tages noch nachholen zu können.

Nach dem Tod des Vaters:
Plötzlich ist es für Fragen zu spät

Nein, damit habe er nicht rechnen können, sagte er mir Monate nach dem Tod seines Vaters. Die Nachricht sei für ihn ganz überraschend gekommen, der alte Herr sei noch recht rüstig gewesen, von ein paar Herzrhythmusstörungen abgesehen. »Die hatte er schon lange«, aber dann hörte das Herz eben doch plötzlich auf zu schlagen.

Die Trauer sei bei ihm in Wellen gekommen, sagte er weiter, und es gäbe auch jetzt noch keine Linderung über den Verlust, er habe noch nichts von dem Trost erfahren, der sich in dem Satz verbirgt, dem zufolge angeblich »die Zeit alle Wunden heilt«.

Was ihm heute zu schaffen mache, sei die Tatsache, dass er seinem Vater noch so viele Fragen stellen wollte: nach seinen Erfahrungen mit dem Leben, den Höhen und Tiefen, die er genießen konnte und erdulden musste, nach seinen Gefühlen, als er, nach dem Tod seiner Frau, in eine kleinere Wohnung an den Stadtrand ziehen musste – ob er sich da einsam fühlte oder nicht, ob er glücklich war, was immer man darunter verstehen mochte. Alter ist ja eine Erfahrung, die man nur um den Preis des Altwerdens machen kann. Er erinnerte sich daran, dass die

Gespräche mit seinem Vater – in der Rückschau betrachtet – doch zu sehr an der Oberfläche geblieben waren: wie er mit dem Haushalt zurechtkommt, welches Buch man lesen sollte, was er von der Politik hält, Ratschläge für die kleinen Reisen, die der alte Herr unternehmen konnte, ein paar Steuertipps – Alltägliches eben.

Manchmal erzählte der Vater Geschichten aus seinem Leben, aus Schule, Militärzeit, Gefangenschaft, dem beruflichen Aufstieg – aber in den letzten Jahren schickte er immer häufiger den Satz voraus: »Bitte unterbrich mich, wenn ich dir die Geschichte schon erzählt habe.« Da habe er sich geschämt – und seinen Vater erzählen lassen, obwohl er schon kannte, was er hörte, nur um ihn nicht zu verletzen. Denn seit seiner Pensionierung war nicht mehr viel Neues dazugekommen, wie denn auch?

In ihrem berühmten Buch »Das Alter« berichtet Simone de Beauvoir von einem 70-jährigen Mann, dem kaum etwas fehlte, außer einigen harmlosen, zumeist eingebildeten Beschwerden. Er war nur immer öfter traurig: »Neulich hörte ich den alten Mann in seinem Zimmer pfeifen, und plötzlich hielt er inne. Er hat sich wohl gefragt: Wozu?«

An diese Beobachtung habe er öfter denken müssen, sagte er nun, weil ihm bewusst geworden sei, dass sein Vater in letzter Zeit immer weniger gelacht hatte.

Und so komme für den Sohn zu dem Verlust des Vaters der Verlust der Möglichkeiten, sich von ihm ein

Stück jener Welt erklären zu lassen, die noch vor ihm selbst im Dunkeln liegt.

»Wir haben uns einfach nur unterhalten, wenn wir uns sahen, dabei hätten wir miteinander sprechen, richtig sprechen sollen«, sagte er. »Man denkt eben immer, dazu sei ja noch Zeit«, fügte er hinzu und wusste doch zugleich, dass dies genau der Irrtum ist, in dem wir alle miteinander gefangen sind. Und dass wir vielleicht auch gar nicht die Kraft zu solchen Gesprächen haben.

»Der Tod scheint mich zu vergessen«, meint meine alte Tante

Meine alte Tante ist einundneunzig Jahre alt. Sie lebt in einer hübschen Stadtwohnung mit Blick auf einen Park. Drei Zimmer – im vierten Stock. 43 Stufen. Wenn ich sie dort besuchte – selten genug, wie ich heute weiß –, dann zählte ich diese Stufen immer aufs neue. Und je nachdem, wie sehr ich oben nach Luft japste, wusste ich um meinen körperlichen Zustand.

Dass meine alte Tante einundneunzig Jahre geworden ist, hat auch mit diesen verdammt vielen Stufen zu tun. »Wenn die Treppe nicht wäre, ginge es meiner Hüfte sicher besser«, sagte sie oft.

»Aber ohne diese Treppen wäre ich vielleicht überhaupt nicht so alt geworden, sie haben mein Herz ganz schön auf Trab gehalten«, fügte sie dann meistens hinzu.

Es gibt Momente, da weiß meine Tante gar nicht, ob sie das gut finden soll, dieses lange Leben, dieses Hinwarten auf – ja, worauf eigentlich? Aber darüber mag sie dann nicht sprechen. Sie lässt diesen Gedanken plötzlich ins Leere laufen. Das ist eine große Kunst.

»Ich will nicht klagen, wie geht es dir?«, lenkte sie von sich ab. Das tun alte Leute dann, wenn sie in einem langen schweren Leben jenen Grad von Weisheit erreicht haben, der sie wissen lässt, dass die Menschen sich heute ohnehin nur noch kurzfristig auf ein anderes Schicksal einstellen können.

Meine alte Tante gehört zu der Generation, die es sich nie leicht gemacht hat. Bis vor zwei Jahren schleppte sie beispielsweise ihre Wäschepakete noch selbst in einen Waschsalon.

»Da hatte ich Kontakt mit jungen Leuten, wunderbar«, berichtete sie und strahlte. Sie kam sich »wie im Kino« vor beim Warten, so viele Geschichten erfuhr sie da, während die Trockenschleuder rappelte. Manchmal hat ein junger Mann sich sogar erboten, ihr die Wäsche nach Hause zu tragen: »Die Jugend ist viel freundlicher, als es in der Zeitung steht.«

Meine alte Tante findet unsere Zeit überhaupt nicht so schlimm, wie sie immer beschrieben wird. Vielleicht, weil sie keinen Fernseher hat. »Der schluckt ja doch nur die Zeit wie ein Müllschlucker den Müll.«

Als meine alte Tante vor einiger Zeit mal für einige Wochen in die Klinik musste, war sie ganz niedergeschlagen. »Der Tod scheint mich zu vergessen«, klagte sie, zumal der Rückenschmerz nicht aus ihrem schmalen Körper weichen wollte. Aber dann kamen die Lebensgeister wieder.

Jetzt muss sie noch einmal tapfer sein: In ein paar Tagen bezieht sie ein Appartement in einem Altersheim. »Man hat mir gesagt, es sei nicht auszudenken, wenn mir hier allein in der Wohnung etwas zustößt …«

»Fällt dir der Umzug sehr schwer?«, fragte ich sie – und wusste im selben Augenblick, dass dies die trostloseste Frage war, die mir je einfallen konnte.

»Glaub mir, es ist schon eine Unternehmung, seinen ganzen Haushalt nach so vielen Jahrzehnten aufzulösen, aber es ist meinem Alter entsprechend.« Sie sagte es mit fester Stimme – und ein bisschen Stolz war auch dabei. Als wollte sie mir bedeuten: bloß keine Sentimentalität! »Würden sich alle Menschen ihrem Alter entsprechend verhalten, wäre unser Leben leichter und besser.«

Dieser Satz hörte sich an, als wäre er im Haus der Buddenbrooks gesprochen worden: ein bisschen streng. Aber hat meine alte Tante nicht recht? Wollen wir nicht alle immerzu und immer wieder jünger erscheinen, als wir sind, und wird dadurch nicht alles nur viel schwerer?

Sollte das Wort »entsprechend meinem Alter« irgendwann einmal irgendwo fallen, werde ich bestimmt sofort an meine zauberhafte alte Tante denken, die die geheimnisvolle und schwierige Kunst beherrscht, auch mit den späten Jahren klug umzugehen.

LIEBE JEDEN AUGENBLICK

Es war an einem Sonntag vor ein paar Wochen, da überfiel mich plötzlich ein Gedanke: Wo haben wir eigentlich unsere Augen, wir, die wir groß sind, erwachsen und »mitten im Leben stehen«, an alles denken, alles wissen, alles zu wissen glauben, uns um alles kümmern – um das Geld vor allem, denn das ist doch wichtig, nicht? Ich weiß wirklich nicht, warum wir dreißig, vierzig, fünfzig Jahre lang diese Welt gesehen haben, um eines Tages festzustellen: Von dem Wesentlichen sehen wir zu wenig.

Mir ist es so ergangen, kürzlich, als ich mit dem kleinen Sohn eines Freundes einen Ausflug machte, einen ganz gewöhnlichen, harmlosen Sonntagnachmittagsausflug – ein Wort, so schrecklich, wie solche Ausflüge manchmal sind! – Wir hatten ein junges Mädchen dabei, ein Nachbarskind, einen Blondschopf – und wir fuhren zur Stadt hinaus. Das Mädchen hatte eine Puppe bei sich, und als ich mit dem Jungen spielte und dabei die Kleine – ehrlich gesagt – kaum beachtete, da drückte sie die Puppe an sich, selbstvergessen, und irgendwie sprach sie auch mit diesem Stück Zelluloid. Und plötzlich fühlte ich, welche Kraft in einem solchen Kind steckt: die Phantasie, mit der es sich aus der Einsamkeit rettet, die Zwiesprache, die in Wahrheit ein

64

Monolog ist – Kinder können träumen und sich ihre eigene Welt zurechtbauen. Das Fohlen auf der Weide – es hatte so traurige Augen wie das Mädchen zu meiner Seite, aber dann sprang es hoch, und die beiden unterhielten sich miteinander. Ich war schon einige Schritte weitergegangen, das Mädchen blieb zurück und fragte das Fohlen, wo es denn eigentlich schlafen würde ... Auf der Heimfahrt im Auto erzählte mir das Mädchen später, dass es vom Pferd wirklich Antwort bekommen habe.

Mein Gott, diese Welt ist nicht nur das, was ist, sondern auch das, was man sich vorstellt. Und Kinder sind Könige in ihrem Reich – und am Anfang ist allemal die Liebe. Vergessen wir Großen das nicht viel zu oft? Wann nehmen wir uns die Zeit, endlich Zeit zu haben? Immer gibt es die Uhr: tagsüber im Beruf; abends, wenn wir einem Vergnügen nachjagen; nachts noch versuchen wir, öfter als gut ist, den Schlaf zu verändern: Wir möchten ihn schneller machen – schneller einschlafen – und tiefer. Alles möchten wir steuern, beeinflussen, manipulieren, dirigieren. Und dann kommt so ein Kind daher und lehrt uns: Man kann eine Kaufhauspuppe lieben, man kann mit Pferden sprechen, man kann Wolken vom Himmel zaubern, man kann auf einem Sonnenstrahl reiten und – man kann Liebe finden, wo immer man will, ganz einfach: indem man Liebe gibt.

Diese Unbefangenheit, die später verloren geht, Stück für Stück, von Jahr zu Jahr mehr – wer rettet sich davon ein winziges Stück in sein späteres Leben?

Sicher, es gibt Augenblicke, da auch wir Großen noch einmal einen Zipfel erhaschen: wenn wir in die Ferien fahren und den fremden Ort für uns erobern, wenn wir am Meer liegen und in den weiten Himmel schauen. Wenn wir als Familie alle Sonntagmorgen voller Fröhlichkeit und Harmonie um den Frühstückstisch sitzen. Wenn es uns gelingt, den Kindern eine komplizierte Technik zu erklären, und die Tochter sagt: »Papi, jetzt hab ich es endlich verstanden.« Wenn ein Brief, auf den wir Tage gewartet haben, doch noch kommt und wir also an einer Freundschaft nicht verzweifeln müssen.

Aber solche Augenblicke, in denen wir spüren: Wir sind eins mit der Welt und mit uns selbst und mit dem Menschen, den wir lieben – solche Augenblicke sind rar. Ein Kind an die Hand zu nehmen und die Welt durch die Augen des Kindes neu zu entdecken – das ist eine Sache, die sich lohnt. Aber weil sie nichts kostet, scheint sie wenig wert zu sein – ein Irrglaube, ein Fehler, den wir Großen teuer bezahlen müssen.

Es gibt noch einen zweiten Irrglauben, dem wir viel zu oft verfallen – er hat mit dem Glück zu tun, dem wir alle nachjagen, nur selten mit Erfolg, und dem Glücksgefühl, das eine eigene Melodie hat – man kann es mit den Glücksgefühlen anderer Menschen nicht vergleichen, versucht es aber immer wieder. Das klügste Wort über diesen Irrtum fand ich bei dem französischen Schriftsteller Montesquieu, und wir sollten es uns gutschreiben, damit wir es immer wieder nachlesen können: »Wenn man nur glücklich sein wollte, wäre das bald geschafft. Aber man will glücklicher sein als die anderen, und das ist fast immer deswegen schwieriger, weil wir die anderen für glücklicher halten, als sie sind.«

Vor der Operation: Warum sagt er seiner Frau nicht, dass er für sie betet?

Nun nahm er den Koffer, den seine Frau gepackt hatte. Nachthemden, Kosmetika. Einige Zeitschriften. Die Fotos der Kinder hatte sie auch eingepackt. Ein kleines Radio. Mehr nicht. Mehr war nicht nötig. Es war ein leichter Koffer, viel leichter als bei den Ferienreisen. Aber es ging ja auch nicht in die Ferien. Es ging ins Krankenhaus.

»Ich hab dir das Abendbrot in die Küche gestellt«, sagte seine Frau. Sie hatte wirklich an alles gedacht. »Vielleicht kannst du mir in drei Tagen den kleinen Fernseher bringen«, sagte sie noch, und damit meinte sie: Dann ist die Operation hoffentlich überstanden, dann bin ich auf dem Weg der Besserung, dann interessiert mich wieder, was draußen in der Welt los ist.

Aber nun war alles inwendig. Sie sprachen Belangloses, als sie der Klinik entgegenfuhren. Dass er sich um die Kinder kümmern soll, was ja selbstverständlich ist. Dass eine Rechnung noch zu bezahlen ist, was man schon leichter vergisst.

Seltsam, diese totalen Nichtigkeiten im Angesicht dessen, was ihr nun bevorstand: ein schwerer Eingriff, angesetzt für morgen früh 8 Uhr, eingeplant im Zeitplan des Chirurgen, den er nur einmal gesprochen hatte, ein Fremder also, in dessen Hände nun das Leben seiner Frau gegeben wurde.

Warum sagte er ihr nicht, dass er für sie betet, dass er Angst hätte, furchtbare Angst? Dass ihn in der Nacht Alpträume geplagt hatten? Warum kam bei ihm das Wort Liebe nicht einmal vor, aber all die anderen Wörter: Rechnungen, Telefongespräche, Abendbrot, irgendwelche Termine?

Und seine Frau? Sie sagte ja auch nichts anderes! Dabei weiß sie doch, wie ernst es um sie steht. Ihre Haut ist blass. Sie hat Schmerzen, aber sie bemüht sich, alles zu verbergen. Sie trägt sogar den kleinen Koffer, während er noch einen Parkplatz suchte.

Später, auf der Rückfahrt in die leere Wohnung, denkt er über diese beiderseitige Sprachlosigkeit nach. Als hätten sie stillschweigend einen Pakt geschlossen: Er zeigt kein Gefühl, keine Besorgnis – und sie zeigt auch nichts. Sie spielen ganz einfach alltägliches Leben, obwohl es doch gar kein Spiel ist. Denn eine Operation ist eine Operation, eine Narkose ist eine Narkose – und wenn alles überstanden ist, dann ist es doch allemal wie eine kleine Wiedergeburt.

Und während seine Gedanken noch zwischen Hoffen und Bangen pendeln, kommt endlich die hilfreiche Routine: Eine Krankenschwester zeigt ihnen das Zimmer, ein Aufnahmeformular ist auszufüllen, eine Erklärung muss unterschrieben werden, dass sie mit allem, was geschieht – oder sich bei der Operation als notwendig herausstellen sollte –, einverstanden sind.

Später, als er die Wohnung betritt, die ihm nun unendlich trostlos, unglaublich leblos erscheint, denkt er, ob er seine Frau nicht doch noch schnell anrufen müsste, um ihr all das Nichtgesagte zu sagen – aber dann lässt er es. Sie wird vielleicht schon eingeschlafen sein. Und in zwölf Stunden wird er ja auch hören, wie es ausgegangen ist. Jetzt weiß er nur: Das Wichtigste blieb verborgen, für Sekunden höchstens erkennbar in der Zärtlichkeit, mit der sie ihre Hand noch einmal in seine legte, als beide vor der Klinik hielten, ehe sie den kleinen Koffer ergriff …

Und vielleicht ist es ja auch gut so, dachte er für sich selbst zum Trost, dass uns in solchen Augenblicken die Worte fehlen, die alles nur noch schwerer machen würden.

WOFÜR ZU LEBEN LOHNT

Was halten wir nun eigentlich in unseren Händen, am Ende eines Jahres, vor einer neuen Runde in der Hetzjagd unseres Lebens? Ist nicht alles viel zu schnell gegangen, haben wir die Welt der schönen Bilder wirklich genießen können, da doch die schrecklichen Bilder immer wieder sich dazwischendrängten mit Tod und Terror und Gewalt?

Wir halten eines mit Sicherheit in unseren Händen: ein Stück gelebtes Leben. Das ist so wenig nicht, wenn wir nur anerkennen würden, dass es doch für sich selbst schon ein Wunder ist, überhaupt »dabei sein« zu können im Weltspektakel; dafür alleine »lohnt« es schon zu leben.

Wir wissen, wenn wir in den Himmel schauen, wenn wir Sterne sehen: In diesen unvorstellbaren Weiten gibt es kein Leben. Der Mond ist tot. Unser blauer Planet leuchtet märchenhaft in einem Universum, das schweigt.

Wir aber – wir leben! Wir dürfen, einen Wimpernschlag lang, teilnehmen, den Himmel sehen, freilich um den Preis, auch in den Abgrund zu schauen.

Aber wir gehen mit dieser Kostbarkeit, die Leben heißt, in einer Weise um, die uns immer wieder erschrecken lässt: Wir sind gewalttätig. Die Angst vor dem Krieg ist ja in Wahrheit die Angst vor dem Menschen, der immer noch zum Kriege fähig ist.

Es gibt ja nicht nur die große Gewalt, gegen die wir demonstrieren; es gibt die kleine alltägliche Gewalt, die wir selber tausendfach Tag für Tag gegeneinander produzieren – mit dem quer gestellten Auto auf dem Gehweg geht's schon los.

Der Astronaut James Irwin, einer der ersten Männer auf dem Mond, hat jetzt, zwölf Jahre später, die Erkenntnis seiner Reise in einem Satz zusammengefasst: »Der Flug lehrte mich, wie zerbrechlich die Welt im Grunde genommen ist.«

Er spürte aber auch in der Einsamkeit der Kraterlandschaft, was ihm zuvor auf der übervölkerten Erde nicht so deutlich geworden war: Gottes Schöpfermacht und seine Allgegenwart. »Der Flug machte mich religiöser. Der größte Tag in der menschlichen Geschichte war nicht, als der erste Mensch den Mond betrat, sondern als Gottes Sohn auf die Erde kam.«

Vielleicht sollten wir, die wir nicht zu fernen Sternen fliegen, die Botschaft gleichwohl begreifen: dass nicht nur die Erde zerbrechlich ist – das gilt auch für die Mächtigen, die die Hand an den gefährlichen Kriegsknöpfen haben –, sondern dass vor allem unser eigenes Leben zerbrechlich ist – und dass wir alle behutsam miteinander umgehen müssen.

Ein bisschen Dankbarkeit also, nur weil wir ganz kurz das grandiose Welttheater erleben und mitgestalten dürfen? Ja, das, meine ich, wäre eine gute Idee für das neue Jahr: ein bisschen Dankbarkeit!

»HERR DOKTOR, ICH LASSE MEINE FRAU IN DER KLINIK, ABER ICH WILL SIE WIEDERHABEN!«

Lieber Herr Doktor, ich gehe jetzt und lasse meine Frau bei Ihnen in der Klinik zurück. Ich winke ihr im Korridor noch einmal zu. Sie nickt kurz, sie ist matt und müde. Ihr Blick wendet sich dann abrupt ab. Wir haben uns doch alles gesagt, sagt dieser Blick. Nimm es nicht so schwer.

So sind die Frauen: Sie wird morgen früh operiert, aber sie tröstet mich, der ich nach Hause gehen kann. Sie hat die Schmerzen – und wünscht mir, »sei bloß nicht traurig, es wird schon alles werden«.

Sie sagt »Es wird schon alles werden« und nicht »Es wird schon alles gut«. Sie hat also auch das Gefühl, dass uns diesmal das Schicksal einen härteren Brocken in den Weg gelegt hat.

Herr Doktor, ohnmächtig wie jetzt habe ich mich schon lange nicht mehr gefühlt! Meine Frau in Ihrer Hand. Ich machtlos. Operation morgen sieben Uhr. Ich warte ab neun auf den Anruf aus der Klinik. Zwei Stunden Zitterpartie.

Wissen Sie, was ich auf der Heimfahrt in die trostlos leere Wohnung gedacht habe? Dass das ganze Gerede von der »Partnerschaft« zwischen Arzt und Patient plötzlich nichts anderes ist als eine Floskel. Gut für

Funktionäre. Für Leitartikel in Zeitungen. In Prospekten der Krankenkassen.

Die Wahrheit ist: Die Gewichte auf der Waage des Lebens verschieben sich, in dieser Situation ist der Arzt der König, der Patient ihm anheimgegeben. Und ich als Angehöriger bin es auch.

Sie haben mir einmal gesagt, »Operieren sei auch nur ein Handwerk«. Damit wollten Sie Ihre Leistung herunterspielen. Die Bescheidenheit ehrt Sie. Aber ich weiß: Ein falscher Schnitt, der eine lebenswichtige Nervenbahn zerstört, und das Leben meiner Frau wird zur endlosen Qual.

Gleichwohl, wir vertrauen Ihnen hundertprozentig, Herr Doktor! Das gibt es im Zusammenleben der Menschen heute nur höchst selten: hundertprozentig! Da gibt es keine Ausflüchte. Und die Formulare »Sie sind damit einverstanden, dass …«, die wir vor der Operation unterschrieben haben, bedeuten nichts. Wir unterschreiben in unserer totalen Hilflosigkeit alles.

Ich glaube seit meiner Kindheit an die Magie guter Ärzte. Meine Mutter lag 1936 in Berlin mit schweren Nierenkoliken in ihrem Zimmer. Ihre Schreie hörte ich schon von weit her, als ich aus der Schule kam. Unvergessen diese Schmerzensschreie, deren Hallton man noch nach Jahrzehnten hört.

Damals huschte plötzlich ein kleiner Herr in unser Haus, Sekunden später Stille – es war wie Zauberei! Der Arzt trug meine Mutter zusammen mit einem Chauffeur in sein Auto. Später erfuhr ich, ein berühmter Professor mit Namen Sauerbruch, ein Freund meines Vaters, hatte meine Mutter sofort mitgenommen. Er hatte nicht gesagt: »Da schicken wir einen Krankenwagen vorbei«, nein, er nahm sie sofort mit, operierte sie, sofort – seither ist mein Glaube an die Macht der Ärzte tief verwurzelt.

Lieber Herr Doktor, ich gehe fort und lasse meine Frau bei Ihnen. Aber: Ich will sie wiederhaben. Ich wünsche mir, dass Ihr Skalpell, mit sicherer Hand geführt, ihr Heilung bringt. Nicht nur meine Frau legt ihr Schicksal in Ihre Hände, auch meines ist dort. Ihre Verantwortung ist riesenriesengroß.

Darum verstehe ich überhaupt nicht, dass Ärzte immer noch von bürokratischen Monstern in Papierkriege verwickelt werden, in Formularen ersticken, in Kliniken als junge Mediziner ausgepresst werden wie Zitronen – und dass man auf diese Weise das zerstört, was der berühmte Arzt aus der Berliner Charité das Letzte und Schönste und Größte an den Beziehungen von Mensch zu Mensch, das »Königliche« genannt hat.

»Übrigens, ich war heute Morgen beim Röntgen ...«

Es war ein Tag wie jeder andere, ein glanzloser Tag im Büro, es gab die vielen kleinen Selbstverständlichkeiten – Telefonate, Konferenzen, Besucher –, nichts Aufregendes.

Es gab leider auch viel Leerlauf dazwischen, weil diejenigen, die ich sprechen musste, so schwer zu erreichen waren – »Wir rufen zurück«, die Gebetsmühlen der Anrufbeantworter – wer ist eigentlich heute noch an seinem Platz?

In einer Angelegenheit konnte ich mich »durchsetzen«, wie es in der Welt der Manager heißt, in einem anderen Fall war es mir nicht gelungen, wirklich ein Tag wie jeder andere. Und nun wollte meine Frau, als ich abends heimkam, von mir hören, wie denn alles so gelaufen sei ...

Ich erzählte ihr einiges, hin und wieder fragte sie nach. Und dann, Stunden später, kurz vor dem Schlafengehen, geschah es! »Übrigens, ich war heute Morgen ja beim Röntgen – es ist Gott sei Dank alles in Ordnung«, sagte sie ganz nebenbei, als ob auch das ganz alltäglich sei. Ein Satz nur! – für mich ein Schock.

Denn ich hatte die ganze Zeit nur von mir geredet, von den kleinen Wichtigkeiten, die mein alltägliches

Räderwerk in Schwung gehalten haben, von Freunden, mit denen ich zum Mittagessen verabredet war, vom Ärger bei einer Verhandlung, Krimskrams, ein Nichts gegenüber dem, was sie erlebt hatte, von dem sie mir nun berichtete.

Natürlich erinnerte ich mich sofort, dass wir beim Frühstück ausführlich über ihren bevorstehenden Arztbesuch gesprochen hatten. Ihre Worte, »Hoffentlich höre ich nichts Schlimmes«, klangen mir im Ohr, ein bisschen Bangen war – wie konnte es anders sein! – natürlich schon dabei. Noch bei meiner Autofahrt in die Stadt dachte ich über all das nach – bis dann der Alltag all meine Gedanken überrollt hatte.

Und nun diese Nachricht! Diese doch bei weitem wichtigste Nachricht des Tages: meine Frau unter dem suchenden Auge des Röntgenapparates, meine Frau in Erwartung der Diagnose! Und schließlich die erlösenden Worte des Arztes: »Machen Sie sich keine Sorgen, es ist alles in Ordnung.«

Ich hätte sie – noch im Mantel, noch im Flur – doch sofort danach befragen müssen. Aber ich hatte es glatt vergessen!

Seltsam, dieses Nebeneinander: die geschäftige Welt des Mannes dort draußen und die Welt der Frau hier drinnen. All diese Gewohnheiten, die – wie ein Ungeheuer – all das zu verschlingen drohen, was nach einem schönen Wort von Balzac an einer Ehe *erhaben* ist. Da kommt man heim, hält das, was man so tat, für das Entscheidende, totale Selbstüberschätzung, Nabelschau – dabei wäre unser ganzes Leben doch ins Wanken geraten, hätte der Arzt ihr etwas anderes mitteilen müssen.

Natürlich bat ich meine Frau um Entschuldigung. »Das macht doch nichts«, sagte sie nur leise, »es ist ja Gott sei Dank alles gut.«

Nein, nichts ist gut, wenn der Alltag die Männer auffrisst wie an diesem Tag geschehen. Es war ein Tag wie jeder andere, und doch – er darf sich niemals wiederholen!

DAS GLÜCK, NICHT ALLEIN ZU VERREISEN

Allein verreisen – auch als Mann! –, was ist das in Wahrheit schon? Das heißt doch: in eine fremde Stadt hineinfahren, an Pärchen vorbei, dort halten, wo ein bestelltes Zimmer wartet, ein Bett, ein Handtuch, vielleicht ein Stück Seife – ganz klein, von der Werbung »mit Grüßen der Hoteldirektion« verschenkt –, den Koffer hinstellen, das Fenster aufreißen, damit Luft hereinkommt, dem Boy ein Trinkgeld geben, er verschwindet. Und dann stehst du allein in dem Raum, der dir nur für Stunden gehört.

Vielleicht ist auf dem Nachttisch ein Telefon, dann kannst du telefonieren, irgendeine Adresse hast du mit auf den Weg genommen; irgendeinen Freund, einen Bekannten, einen Verwandten, etwas Geschäftliches gibt es immer – »Ja, ich bin eben gekommen, nein, allein, meine Frau ist zu Hause, die Kinder, wann also sehen wir uns? Um sieben, gut …«

Und dann ziehst du das Hemd aus, das von der Reise nicht mehr knitterfrei ist, und ein neues Hemd an, du trittst vor den Spiegel: die Augen etwas müde, die Fahrt war lang, und dann – gib doch schon zu, was du denkst, und das ist doch nur dies: Wäre sie doch jetzt hier!

Dann nämlich würde deine Frau, während du das Hemd wechselst, ein neues Kleid überziehen, aber in der Sekunde davor würdest du ganz schnell auf sie zutreten und ihr einen Kuss hinter das Ohrläppchen geben, auch am Fenster – und wenn schon! –, mein Gott, niemand sieht es hier, in dieser fremden Stadt, in der dich keiner kennt, in der du ein Niemand bist, ein Zugereister, einer auf dem Weg, einer, der seine Nase in dieses fremde Leben hineinsteckt, ein Flüchtiger – ein Reisender eben. Sie würde dich bitten, den Reißverschluss hochzuziehen …

Hotelzimmer, die Einzelzimmer sind – und sei es in den feinsten Häusern –, haben immer etwas Ärmliches an sich. Ich meine nicht den Komfort. Ich meine nicht die Matratzen. Ich meine nicht die Seife auf dem Waschtisch. Ich meine nicht den Klingelknopf für die Bedienung.

Ich meine die Gedanken, die man in diesen Einzelzimmern hat: Hier ist alles so auf Zweckmäßigkeit, auf nur einen Menschen, auf die schnelle Übernachtung abgestellt. Es fehlt der Dialog, es fehlt das Echo, es fehlt ein Hauch von Phantasie. Das eine Bett steht in der Ecke, und es verführt dich, darüber nachzudenken, was die Minute in dieser Nacht an Schlaf kostet – denn viel wirst du, das spürst du jetzt schon, hier nicht schlafen. Die Koje eines Bootes, die Pritsche eines Gefängnisses, die Liege in einem Wartezimmer – an das alles denkst du bei diesem Einzelbett in einem Einzelzimmer.

Wissen Sie, ich verreise nur noch mit meiner Frau! Zum Ersten, weil ich dann ein Doppelzimmer habe. Ich liebe Doppelzimmer. Ich habe das Schild »Bitte nicht stören« – »Please do not disturb« – »Ne veuillez pas déranger« gern. Und dieses Schild, gleich nach der Ankunft, an die Tür draußen vorzuhängen: Das ist noch mal wie in den Flitterwochen.

Aber wenn es nur die Ankunft wäre! Mit seiner Frau verreisen, das heißt mehr: In der Ferne ihr ganz nahekommen. Das ist doch das ganz große Geheimnis, das in dem Reisen zu zweit mit drinliegt: wegfahren, um zueinander zu kommen. Was gehört nicht alles dazu? Zum Beispiel dieses: Dass man morgens schon hinuntergeht in den Frühstücksraum – »Bestell mir bitte ein Ei mit« – und dann dort zu sitzen zwischen all den grau gekleideten allein reisenden Herren, die Gesichter wie Uhren haben, die Akten mitschleppen, die zu Telefonen gerufen werden von irgendwelchen Pagen – und dann kommt mit der kurzen Verspätung, die Frauen so ziert und die Ehefrauen wieder in Frauen verwandelt, deine eigene Frau.

Und dann besuchen wir den Vatikan? Gehen wir in das Pantheon? Jagen wir raus nach Ostia ans Meer – kaufen wir erst den Bikini, in Grün, in Gelb, irgendwas Freches, die Kinder sind nicht da? Ja, wir kaufen erst den Bikini, und bitte: etwas kleiner als zu Hause, denn wir sind ja nicht zu Hause, wir sind hier wir; keine Kontrollen, keine Rücksichtnahmen – die eigene Frau ist eine herrliche Geliebte, wenn man sie als Geliebte behandelt.

Reisen? Ich reise nur mit meiner Frau! Nicht, dass wir uns nicht auch einmal unterwegs trennen – sie geht so gern in die Kirchen, stundenlang verschwand sie in Rom hinter dem Portal von S. Maria Maggiore, während ich durch die Straßen zog. Etwas ist ja von dem alten Spiel noch geblieben, das Abenteuer des Lebens zu entdecken, es vor allem in den Augen der fremden Frauen zu entdecken, zu spüren, ob sich Blicke, die einander kreuzen, auch treffen – das schnelle Sammeln von Pluspunkten: Nun gut, die Phantasie wandert mit, wenn du als Mann durch die Straßen wanderst ... Aber dann? Du triffst deine Frau wieder, nimmst sie bei der Hand, du gehst mit ihr zum Hotel zurück – und du kannst in den Blicken der Menschen, die dir begegnen, ablesen, welch Glück dich gefangen hält.

Zu Hause werden wir blind, sehen wir uns selbst in einem matten Spiegel, erfahren wir wenig – die Frau von ihrem Mann, der Mann von seiner Frau. Auf Reisen werden wir sehend, erfahren wir viel – die Frau von ihrem Mann, der Mann von seiner Frau.

Was hat man sich nicht alles zu erzählen, wenn man zu zweit verreist! Die Läster-Stunde auf den Champs-Élysées, unser Augenzwinkern, als ein amerikanischer Globetrotter mit der kleinen französischen Vollbusigen handelseinig wurde. Dieses kokette Ding mit dem kurzen Rock – erinnere dich, es war im Juni, an einem schwülen Abend, und die Nacht, die am Himmel heraufzog, schien für eine Ewigkeit gemacht: so samtweich, schwarz, sternenübersät –, dieses kokette Ding also zog mit dem Amerikaner ab, und wenige Sekunden später sagtest du nur: »Komm, lass uns auch gehen ...« Männer, die allein reisen, bekommen oft so große Augen, weil sie suchen – Männer, die mit ihrer Frau verreisen, suchen nicht: Sie haben schon gefunden. Nun könnte – es sei zugegeben – der Einwand kommen: Ein Mann kann ja allein verreisen, ohne deshalb allein bleiben zu müssen.

Ich muss darum etwas deutlicher werden, wenn ich dieses Plädoyer für die Reise mit der eigenen Frau halte. Ich muss sagen: Liebe, das heißt doch wohl auch dies: den Wunsch zu haben, die Welt durch die Augen des geliebten Menschen zu sehen. Das ganze Leben ist eine Reise – mit immer wechselnden »Hotels«, mit immer wechselnden »Reisebekanntschaften«, mal ist es komfortabel, mal einfacher – aber es ist eine Reise. Diese Reise, diese große Reise durch das Leben braucht – damit sie gut verläuft – die kleinen Reisen zwischendurch, und zwar zu zweit! Glauben Sie mir: Die Frau, die Sie von einer solchen Reise mit nach Hause bringen – diese Frau ist eine andere und glücklichere Frau als zuvor.

Es kann sein, dass die Erinnerung an die kleinen Reisen Ihnen bei der großen Reise hilft. Mir geht es so: Wann immer im Fernsehen ein Bild von irgendeiner Stadt dieser Welt auftaucht, in der ich mit meiner Frau gewesen bin, geben wir uns blitzschnell die Hand. Tausend Erinnerungen stellen sich ein; an den italienischen Kellner, der uns das Frühstück unangemeldet ins Zimmer brachte; an den heißen Vormittag, als wir, pflastermüde geworden, in Paris baden wollten und man mir in der Badeanstalt eine viel zu große Badehose auslieh; an den Fremden im Prado von Madrid, der von dir so fasziniert war, dass er dich ansprach, obwohl ich neben dir stand.

Wird aber im Fernsehen eine Stadt gezeigt, in der ich allein gewesen bin – Helsinki beispielsweise –, kommt die Hand meiner Frau nicht. Die gemeinsame Erinnerung fehlt, ich kann ihr nur erzählen, wie die Straße aussieht, die ich dort allein entlanggelaufen bin, aber das ist ohne Bezug, da hängt kein Stück Herz daran, es scheint mir, als sei ich dort als Fremder gewesen.

In der Fremde sollte man kein Fremder sein! Ich nehme meine Frau mit, denn – so der Dichter Theodor Storm an seine Frau, so ich an meine Frau: »Wo du mir bist, bin ich zu Haus.«

DIE VERGESSENE HANDTASCHE –
LEHRSTÜCK DER VERGÄNGLICHKEIT

Plötzlich sagte meine Frau, sie hätte ihre Handtasche vergessen, »kein Grund zur Aufregung«, aber wir müssten leider noch einmal umkehren, und so lenkte ich den Wagen zurück zum Hotel, etwa vierzig Kilometer waren wir bereits gefahren.
Die Tasche müsste im Schlafzimmer liegen, »auf dem Nachttisch, hinter den Blumen«, sagte sie, oder im Bad, aber das sei unwahrscheinlich.
Ich raste durch die Halle, fuhr in den dritten Stock, lief den Korridor entlang, Zimmer 344, »kein Grund zur Aufregung«, hatte meine Frau gesagt, denn sie weiß: Ich hasse es, umzukehren, zurückzufahren.
Natürlich hatten wir den Schlüssel abgegeben, doch ich hoffte, ein Zimmermädchen zu finden, das mir noch einmal schnell die Tür öffnen würde. Aber es war nicht nötig – die Tür stand weit offen, sicher kam gleich noch der Mann vom Minibar-Service.

So trat ich ein in den Raum, in dem wir eine Woche gelebt hatten, in dem ich auf Zeit gleichsam »zu Hause« war – ein schönes Zimmer, ein paradiesischer Blick –, jetzt aber fühlte ich mich fremd.
Die Betten, sie waren inzwischen neu bezogen. Die Blumen? Weggeräumt. Auch im Badezimmer war

alles geordnet, war alles perfekt hergerichtet für den nächsten Gast. Und die Handtasche? Sie war verschwunden.

Und siehe da: Der Neue muss auch bereits da gewesen sein. Denn da standen zwei Koffer neben dem Schreibtisch, eine Sonnenbrille lag auf dem Sofa, ein paar Illustrierte, eine Schachtel Zigaretten, ein Feuerzeug.

Ich kam mir wie verstoßen vor, ich fühlte mich unbehaglich, weil ich in einen Raum eingedrungen war, von dem ich glaubte, dass er »noch ein bisschen« mir gehörte, weil ja die Handtasche meiner Frau noch dort liegen musste.

Und nun erlebte ich, dass ich hier nichts mehr zu suchen hatte. – Ich ging zur Rezeption, dort war die Tasche tatsächlich abgegeben worden, meine Frau hatte es schon vermutet, und: In einem so feinen Haus würde schon nichts verloren gehen.

»Wie gut, dass die Tasche da ist«, sagte sie nun, als ich mich ans Steuer setzte, denn ihr war eingefallen, dass sie ja ihren Pass bei der Grenzkontrolle braucht, »ohne Pass bist du verloren.« Minuten später fragte mich meine Frau, warum ich so still sei. »Es ist nichts«, sagte ich – und log.

Ich gab ihr an einer Kreuzung bei Rot einen schnellen Kuss, weil ich daran gedacht hatte, wie wunderschön die Zeit mit ihr gewesen war und dass man schöne Orte sowieso nur zusammen genießen kann.

Aber irrsinnigerweise hatte ich für Sekunden das Hotelzimmer mit unserem eigenen Leben verglichen, in dem wir ja auch als Gast nur kurz Station machen. Daher der Anflug von Melancholie.

Denn immer wartet schon ein anderer auf unseren Platz, der auch sofort besetzt wird, sobald wir ihn räumen. Nur die Erinnerung nehmen wir mit und den Trost, dass sie das einzige Paradies ist, aus dem wir nicht vertrieben werden können, von keinem Zimmermädchen, von niemandem, wo immer wir auch sonst waren.

DER »FERIENKÜNSTLER« WEISS
NICHT DEN ERSTEN, SONDERN DEN LETZTEN
FERIENTAG ZU SCHÄTZEN

Eine Reihe schöner Tage liegen hinter uns, Ferientage, seidenweich, sonnenverwöhnt. Und wir wussten natürlich, dass er kommen würde, aber wir hatten den Gedanken immer wieder verdrängt. Aber nun ist er plötzlich da: der letzte Ferientag. Der Tag des Abschieds. Jetzt heißt es: Koffer packen, Zimmer räumen (bis zwölf Uhr mittags), Hände schütteln, ein verstohlenes Trinkgeld an den kleinen schmalen Ober, der so tüchtig gewesen ist. Ein Blick auf die »Nachfolger« werfen, die gleich in das Zimmer einziehen werden, in dem man so glücklich war. Eine Spur Neid flackert da plötzlich auf. Der letzte Ferientag und der erste Ferientag begegnen sich, ungleiche Brüder.

Und dann sitzt man im Auto, ein letztes schnelles Winken, ein paar Kurven, der Ferienort liegt schon sechs, acht Kilometer zurück, die Tachonadel steigt auf hundert Stundenkilometer, eben hat man die gefährliche Kreuzung überfahren, bei der es auf dem Hinweg beinahe gekracht hätte – wie nervös ist man damals gewesen, wie abgespannt. Und nun geht es glatt nach Hause. Nicht der erste Ferientag ist der schönste, wie ich früher immer dachte, vor allem, als ich noch zur Schule ging – heute, da so vieles schieflaufen kann, ist der letzte Ferientag der schönste!

Am Beginn, da ist noch alles unsicher. Wie wird das Hotel sein? Liegt das Zimmer am Fahrstuhl? Kannst du nachts schlafen, oder ist der Parkplatz mit knallenden Wagentüren vor dem Haus? Das Meer – ist es so sauber und blau, wie es in den Prospekten ausschaut? Die Liebe, von der so viel Verheißungsvolles unter dem Stichwort Urlaub notiert wird, muss sich jetzt zu ungeahnten Höhen aufschwingen – wird ihr das gelingen? Die Zimmermädchen, werden sie ehrlich sein, man hat ja so ein paar wertvolle Sachen herumliegen? Wenn man plötzlich einen Arzt braucht, er wird ja aufzutreiben sein. Und von zu Hause werden keine Nachrichten kommen, die den Ferientraum zerplatzen lassen. Und die Sonne wird unermüdlich scheinen, das ist doch »inklusive«.

Es wird alles sommersonnenwarm und schön sein, die zwei, drei Wochen, aber insgeheim wissen wir natürlich, dass es auch alles nicht so sein könnte. Dass irgendetwas dazwischenkommt. Etwas, woran wir am ersten Ferientag nicht denken mögen, wenn wir unsere Koffer auspacken.

Der erste Ferientag, der viel gelobte, sagt: Seht her, mit mir beginnt die schönste Zeit des Jahres. Alles habt ihr noch vor euch, eine Kette schöner Tage, Nichtstun, Liebe, Zärtlichkeit. Der letzte Ferientag – der von vielen so gefürchtete – aber antwortet: Ich allein kann sagen, ob die Zeit schön gewesen ist. Ob das Amüsement reichte. Ob die Liebe kam. Ob unsere Augen die Welt der schönen Bilder gesehen haben. Ob alles ohne Ärger und Störungen abging. Ja, der wahre Ferienkünstler weiß den letzten Ferientag zu schätzen.

DER GRÖSSTE IRRTUM:
ZU DENKEN, WIR »HABEN« NOCH ZEIT

Vielleicht lag es an dieser Wintermüdigkeit: Mein bester Freund klagte plötzlich über eine leichte Depression, denn ihm sei bei den Reportagen über die so genannten Reichen und Schönen, die von einem Event zum nächsten jetten, eines klar geworden: dass er selbst ein »kleines Leben« führt, klein und im Grunde bedeutungslos.

Was denn in seinen Augen ein »großes Leben« sei, fragte ich zurück, und er fing an zu stottern: vielleicht ein Leben als Politiker, der »etwas bewegt«; als Dichter oder Dramatiker, der mit seinen Werken Menschen aufrüttelt; als Komponist, der der Menschheit »unvergängliche« Melodien schenkt – ja das könnte es sein, das wäre wohl ein »großes Leben«.

Aber sein unscheinbares »kleines Leben«, zermahlen im Alltag mit Nachbarschaftsärger, Streit mit Bürokraten, der Schwierigkeit, seinen Kindern Werte wie Pflichtgefühl, Pünktlichkeit, Zuverlässigkeit zu vermitteln, das würde wohl nicht viel hermachen.

»Einspruch, Euer Gnaden«, fiel ich ihm ins Wort, erinnerte ihn daran, dass er als Arzt den Menschen das Glück der Abwesenheit von Schmerzen schenkt – wer je schmerzgekrümmt in seiner Praxis landet und dort erlöst wird, könne seine pessimistische Ein-

schätzung des eigenen Lebens sicher nicht nachvoll-
ziehen.

Aber seine musische Begabung, das Malen und Zeich-
nen, die ihm seine Mutter mit auf den Lebensweg
gegeben habe, die könne er nicht ausleben – »und das
macht mich unglücklich«.

Vermutlich sei sein größter Fehler, dass er glaubt, später alles nachholen zu können. »Das Wort ›später‹ will
ich aus meinem Sprachschatz streichen, das habe ich
mir geschworen«, sagte er trotzig.

Ich beglückwünschte ihn. Der größte Irrtum des Menschen sei es in der Tat, dass er denkt, was wir alle denken: Wir »haben« ja noch Zeit. Dieses trügerische
Gefühl aber, noch Zeit zu »haben«, als ob es sich um
eine Sache handelt, die wie ein Batzen Geld in einem
Tresor verschlossen auf uns wartet, ist irrsinnig.

Die Wahrheit ist unerbittlich und eine andere: Zeit ist
der flüchtigste Stoff in unserem Leben. Zeit kann man
nicht festhalten, nicht hin- und herschieben, nicht
kaufen, nicht verschachern, nicht kommandieren,
nicht gewinnen – höchstens verlieren.

Die Zeit ist immer »jetzt« – und dann vorbei. Die
Zukunft reicht immer nur bis zum nächsten Glocken-
schlag, sie ist eine große Standuhr, sie rasselt ständig
und ruft uns mit gewaltigen Schlägen die eine und einzige Wahrheit zu: »Pfeilschnell ist das Jetzt entflogen,
ewig still steht die Vergangenheit« (Schiller).

Ja, er würde unter dem Eindruck unseres Telefonats
nun Pinsel und Palette wieder aus dem Keller hervor-
holen. »Aber das ›kleine Leben‹ bleibt mir deshalb

doch nicht erspart«, sagte er noch. Und dann resignie-
rend: »Ja, wenn man wenigstens viel Geld hätte!«

Auch hier würde er leider irren. Ich hatte soeben eine
aktuelle Studie gelesen, wonach die Reichen sich am
unsichersten fühlen und von der größten Zukunfts-
angst geplagt werden – »das wäre doch ein viel zu
hoher Preis«.
Mit anderen Worten, lieber Freund: Es ist nicht wichtig, ob man ein »kleines« oder »großes« Leben führt,
wichtig ist nur, ob es ein glückliches Leben ist. Der
Weg dahin beginnt immer direkt vor den eignen
Füßen. Und keinesfalls sollte man auf »später« warten,
auf die Zeit, die man niemals »hat«, sondern die immer
nur verfliegt und verfliegt und verfliegt …

DER HOTELPORTIER LÄCHELTE WIE IMMER –
UND DOCH WAR ALLES ANDERS

Moment, was war jetzt anders? Er stand doch da wie immer an seinem Desk in meinem Lieblingshotel, in der schwarzen Uniform des Chefportiers. Er strahlte wie immer, als er mich sah, er wollte wie immer zum Zimmerschlüssel greifen, er lächelte auch wie immer – und doch: Irgendetwas war trotzdem anders als bei meinem letzten Besuch.

»Wie geht's?«, fragte ich nun, aber meine Frage muss ebenfalls anders als sonst geklungen haben. Sie war nicht von jener oberflächlichen Flüchtigkeit, mit der wir uns sonst nach dem Schicksal eines Menschen erkundigen, mit dem uns eigentlich nicht mehr verbindet als der Austausch von Meinungen über Politik, Wetter, Flugverspätungen, Alltagsdinge also. Und eigentlich wollte ich ja auch nur meinen Schlüssel.

Aber geheimnisvollerweise muss in Sekundenschnelle eine Gedankenbrücke entstanden sein zwischen dem immer fröhlichen Portier und mir: »Wenn Sie mich so fragen, muss ich Ihnen sagen, es geht mir schlecht.«

Da war sie wieder, diese Erfahrung, dass Menschen sehr wohl etwas von ihrem Leid ausstrahlen, das sie tief in sich tragen, auch wenn sie es um keinen Preis zeigen wollen.

Nun erzählte er mir, dass bei seinem 16-jährigen Sohn der Tumor wiedergekommen sei, von dem die Ärzte glaubten, ihn endgültig besiegt zu haben. Und dann brach es aus ihm heraus: »Inoperabel. Wir waren inzwischen in einer Klinik in Amerika. Ob die besten Spezialisten helfen können, weiß nur noch der liebe Gott. In einem Monat muss ich wieder mit ihm rüber, wenn die Chemotherapie hier nicht greift.« Seine Sätze kamen wie Hammerschläge.

Und dann, als die erste Welle des Schmerzes verebbt war, als er spürte, wie sehr mich die Nachricht erschütterte, da ich doch glaubte, sein Junge sei seit Jahren über den Berg, erzählte er mir, dass er bei aller Traurigkeit doch eine tröstliche Erfahrung gemacht habe: »Ich wusste gar nicht, wie viele Freunde ich habe, auch unter den Hotelgästen. Sie haben mir die Adressen in Amerika verschafft. Sie haben geschrieben, angerufen, meiner Frau Blumen geschickt. Es war für mich wie ein Wunder, eine wundervolle Erfahrung.«

Nun leuchteten seine Augen wieder, wie ich es von ihm gewohnt war, diesem Mann, der für andere immer das Unmögliche möglich machte: Die Eintrittskarte für die seit Wochen ausverkaufte Oper, die Umbuchung in eine längst ausgebuchte Maschine, all diese kleinen Hilfen, die doch wie Zauberei wirkten.

Inzwischen hatte sich eine Menschentraube am Desk gebildet, eine leichte Unruhe bei den Wartenden kam auf, aber auch hier geschah Wundersames: Die Gäste mussten gespürt haben, dass nicht ein Portier pflichtvergessen einen Small talk abhielt, sondern dass hier ein Mensch sein Herz ausschüttete. Und so warteten sie geduldig, bis er sich ihnen zuwandte: »Ihren Schlüssel, bitte.«

Die ganze Szene in der Hotelhalle dauerte nur zwei, drei Minuten. Und als er mir nachrief, »Danke, dass Sie mir zugehört haben, es tat einfach gut«, da dachte ich noch kurz darüber nach, wie hilflos man angesichts einer solchen Familientragödie ist – und wie man doch helfen kann, wenn man es mit der Standardfrage »Wie geht's?« wirklich ernst meint. Und dann kam auch schon das Taxi, das er für mich gerufen hatte.

»WARUM ARBEITEN SIE NOCH?« –
DIE PENSIONIERTEN VERFÜHRER MIT DEM
TSCHUBI-DUBI-GANG

Man kann ihnen nicht mehr entrinnen, sie tauchen überall auf, wo Menschen zusammenkommen, bei Partys und Empfängen, sie sind immer leicht gebräunt, leger gekleidet, sie kommen dir mit dem lockeren Tschubi-dubi-du-Gang entgegen, das Campari-Orange-Glas in der Hand, die meerblauen Augen weit geöffnet, die jetzt so viel Schönes sehen – denn sie haben sich »abgeseilt«, sind »ausgestiegen«, haben eine »neue Lebensperspektive« gewonnen. Sie konnten sich gerade noch vor dem drohenden Herzinfarkt aus dem Rennen nehmen, dem »Rattenrennen«, wie einige verächtlich sagen, obwohl sie doch jahrzehntelang selber mitgerannt sind – ich meine die immer größer werdende Heerschar der vorzeitig Pensionierten.

Die Tachonadel ihres Lebens spielt zwischen 55 und 65. Sie könnten, ausgeruht und aktiv, wie sie vor einem stehen, noch eine Menge bewegen, stattdessen wecken sie mit ihren Beschwörungen das in uns allen schlafende Gefühl, dass das Leben vielleicht doch noch ein paar andere Facetten bietet als nur das anstrengende Bermudadreieck Arbeitsplatz, Karriere, berufliches Hickhack.

Ja, die Verführer sind mitten unter uns! Sie waren gerade wochenlang in ihrem Landhaus in der Toskana, sehen nun in ihrer deutschen Stadtwohnung nach dem Rechten – und der Geldüberweisung –, ehe sie dann zur Kreuzfahrt in die Karibik starten.

Und all die anderen, die statt aufs Meer immer noch aufs Zifferblatt schauen, weil Termine sie bedrängen, kommen ins Grübeln: Ob sie selbst mit ihrer vielen Arbeit, ihrem Dranbleiben, ihrem Mitmischenwollen nicht vielleicht doch auf dem schattigen Ufer des Stromes stehen, der da Leben heißt. Hat nicht der Dramatiker Tennessee Williams vielleicht doch recht, der sagte, Arbeit sei ein Rauschgift, das nur wie ein Medikament aussieht?

Die Verführer haben eines gemeinsam, was sie von denen unterscheidet, die noch nicht den Absprung gefunden haben: Sie propagieren auch ungefragt ihren neuen, befreiten, von keinem Stress gestörten Lebensstil. Sie reden suggestiv. Sie verklären das Dolcefarniente in einer Art, dass man sich selbst plötzlich um Wesentliches betrogen fühlt.

Mehr noch, die selbsternannten Lebenskünstler senken den Keim der Unzufriedenheit in die Gedanken all jener, die noch immer an den Sinn ihrer Tätigkeit glauben. »Wer sein Leben über die Arbeit definiert, ist ein armer Wicht«, sagte gestern ein 55-jähriger »Hoppla-ich-bin-mal-wieder-da-Mensch«, und all die anderen Herren gleichen Alters blickten betroffen in die Runde – das Skalpell hatte tief geschnitten.

98

Denn plötzlich war, wenn auch unausgesprochen, die Frage da, für die wir Deutschen immer ganz besonders empfänglich sind: die alles bewegende »Sinnfrage« im Zusammenhang mit der einmaligen Offerte, die uns das Leben schenkt: das Leben selbst.

Ja, sie sind gefährlich, diese Männer, die den Seesand von Alicante noch in den Schuhen haben, während sie uns von der Nutzlosigkeit unseres alltäglichen Tuns in Wanne-Eickel überzeugen wollen. Wer hätte je geglaubt, dass man sich plötzlich bei einem geselligen Abend rechtfertigen muss, warum man jetzt früher nach Hause geht als die anderen, da man doch morgen wieder »voll an Deck« sein will?

EINE GUTE EHE IST DAS GEFÜHL, DASS DAS LEBEN VORHER NICHT VON DIESER WELT WAR

Da ist die Frage nach dem Glück meiner Ehe, die Frage, ob es Zufall, Schicksal oder nur Kunstfertigkeit ist, eine Ehe richtig zu steuern, über viele Jahre. Diese Frage zielt in die verschwiegenen Winkel des Glücks, sie beantworten heißt: das Wesentliche preisgeben. In meiner Ehe, die die »goldene Hochzeit« längst hinter sich hat, die ich als glücklich bezeichnen darf, setzt sich das Glück aus mehreren kleinen Geheimnissen zusammen. Ich will versuchen, sie aufzuzählen.

Das erste Geheimnis: Das Glück einer Ehe hängt von dem richtigen Zeitgefühl ab, von der Kunst, mit der Zeit umzugehen.

Für uns zielt die Ehe ins Endlose. Der Gedanke, dass wir sie wie einen elektrischen Apparat abschalten können, ist uns nie gekommen. Selbst bei Konflikten – sie kommen vor, sind wie Gewitter, haben nichts zu bedeuten, verändern keinen Sommer, nehmen dem Himmel nicht sein Blau – war dieser Gedanke niemals dabei: Man könnte ja auch miteinander Schluss machen. Und wenn sich dieser Gedanke einzuschleichen versuchte – in einem Augenblick der Ermattung, der Verzweiflung –, wir haben ihm nie eine Chance gegeben.

Die Zeit spielt aber nicht nur bei der Abwehr von Gefahren eine Rolle, die Zeit ist viel wichtiger beim Gewinn der Ehe. Jeder Tag ist ein Stein im Mosaik. Da sind auch bei uns Tage mit Leerlauf, blasse Tage, Tage im Büro, an denen man glücklos ist, Tage im Haushalt, da die Frau zu ersticken droht, trübe Tage mit den Kindern, an denen man sich fragt, wozu man dies alles auf sich genommen hat – es sind die farblosen Steine, sie gehören dazu, sorgen dafür, dass die bunten Steine umso kräftiger leuchten. Wer über fünfzig Jahre alt ist, weiß: Nicht jeder Tag lässt sich in leuchtende Farbe verwandeln. Aber er weiß auch: Jeder Tag ist eine neue Chance.

Meine Frau weiß, dass ich ihr an jedem Morgen eine Rose an ihr Bett stellen möchte, damit ihr erster Blick auf ein Zeichen meiner Liebe trifft. Dass diese Rose zu selten dort steht – erkennt sie an, als Opfer dessen, was sie selbst so hasst wie ich: die Routine des Alltags, dieses Gefühl, vom Alltag aufgefressen zu werden.

Aber das Leben besteht – je älter man wird, umso deutlicher spürt man es – vor allem aus den Möglichkeiten, weniger aus dem, was tatsächlich geschieht. Ich habe gefunden, dass – bei Frauen noch mehr als bei Männern – das Leben aus Träumen gemacht ist. Würde ich aus den Träumen meiner Frau verschwinden, es wäre der Anfang vom Ende. Es ist nicht wichtig, dass der Ehemann täglich seiner Frau eine rote Rose schenkt, wichtig ist, dass die Frau immer damit rechnen kann, dass es geschieht (und hin und wieder sollte es, um die Phantasie nicht zu überfordern, auch geschehen). Das Operettenlied »Es kommt auf die Sekunde an bei einer schönen Frau« gilt immer noch – auch bei der eigenen Frau.

Das zweite Geheimnis: Das Glück einer Ehe hängt von der Verkleinerung ab, von der Kunst, alles zu begrenzen. Was heißt das?

Wenn man ein Fotonegativ endlos vergrößern will, wird das Bild unscharf; will man einen Luftballon zu weit dehnen, platzt er; möchte man die Ehe in den Himmel stemmen, besteht die Gefahr, dass sie auf der Erde zerbricht. Als ich mit meiner Frau zum ersten Mal in Rom war, fünf herrliche Tage lang, als wir dann für den Rest der Ferien zum Baden nach Anzio bei Rom fuhren – da waren wir, den Wagen vor dem Hotel, öfter in Versuchung, »eben noch mal schnell« nach Neapel zu fahren, in die viel besungene Bucht von Sorrent, nach Capri vielleicht – ein Tagesausflug wäre das Ganze gewesen, so leicht zu machen. Aber wir haben diesen Ausflug nicht gemacht. Wir haben Neapel und Capri damals nicht gesehen, und wir wissen, dass dies richtig war.

Ich will mit diesem Beispiel nicht sagen, dass eine Ehe gefährdet ist, wenn man zwei Orte in drei Wochen besucht – ich will nur sagen: Wir haben herausgefunden, dass Begrenzung in die Weite führt, dass es sinnlos ist, alles Erreichbare nur deshalb erreichen zu wollen, weil es erreichbar ist. Wenn ich ein Auto habe und kein zweites brauche, ist es sinnlos, dass ich mir ein zweites Auto kaufe, nur weil es mit einem großen Rabatt zu haben ist.

Eheleute müssen sich darüber einig sein, was sie nicht brauchen. Das ist wichtiger als die Verständigung darüber, was sie brauchen. Wenn ich mich umschaue, sehe ich viel zu viele Ehemänner, die darüber sprechen, was sie demnächst einmal tun wollen: Es mag eine Anschaffung, ein Möbelkauf, eine Reise, ein Ausflug, ein abendliches Essen zu zweit sein. Wenn Männer wüssten, dass die Zukunft immer schon begonnen hat, wenn sie begreifen würden, dass jeder Tag, der für eine Frau ohne Zärtlichkeit vergeht, die Frau dem Alter doppelt schnell in die Arme treibt!

Die Zärtlichkeit aber liegt immer in den kleinen Dingen, in den heimlichen Gesten, in dem bewussten Sichhinwenden zur geliebten Frau. Das braucht Zeit und Ruhe und Kraft und wieder Zeit.

Das dritte Geheimnis: Das Glück einer Ehe hängt vom Loslassenkönnen ab, von der Kunst, dem Partner »sein Leben« zu gönnen.

Die Frau, die ich liebe, ist eines Tages in mein Leben getreten. Es ist dabei herrlich eingerichtet, dass man an dem Morgen eines solchen Tages noch nicht weiß, wie sehr sich plötzlich alles verändern wird. Das ganze Leben, jeder Tag und jede Stunde, wird von nun an anders laufen – wie viele Fehler, wie viel Törichtes würde man nicht tun, wüsste man um die Wichtigkeit, die in dieser ersten Begegnung liegt!

Ich glaube, dass es darauf ankommt, sich ein Stück von diesem ersten Zueinanderfinden zu bewahren, die Entblätterung der Seele zu verzögern, sich hinzugeben, ohne sich aufzugeben. Das darf keine kalkulierte Absicht sein, aber man muss hin und wieder einen Schritt zurücktreten, um den anderen wieder in seiner ganzen Gestalt zu sehen – und neu zu sehen. Praktisch heißt das: Ich fahre mal ein paar Stunden, seltener auch Tage, allein fort, oder meine Frau – wir nehmen die Trennung bewusst auf uns, wir spüren mit jedem Tag, der allein verrinnt, was wir uns bedeuten. Sie fällt uns schwerer, diese Trennung auf Zeit, je älter wir werden, ein gutes Zeichen, wie ich meine.

Damit bin ich beim letzten, wohl wichtigsten Geheimnis: Wir nehmen, von Tag zu Tag mehr, den Tag als Geschenk entgegen. Der Morgen ist eine bunte Kugel, die wir bestaunen; mit dem Abend verlöschen die ungenützten Chancen. Die Bilder des Lebens wechseln immer schneller, wir wissen beide: Unendliches haben wir noch zu besprechen, die Frage nach dem Sinn all unseren Tuns, die Frage nach Gott, die Frage, ob wir unseren Kindern genug sein können – alles, alles wartet noch.

Eine gute Ehe? Eine gute Ehe ist das Gespräch ohne Anfang und ohne Ende. Eine gute Ehe ist das Gefühl, dass das Leben vorher nicht von dieser Welt war, dass eigentlich alles erst begann, als der geliebte Mensch kam. Eine gute Ehe ist für einen Mann die große Chance, die ganze Welt zu umarmen – in seiner Frau.

DER VORSATZ ZUM JAHRESWECHSEL: KEINE GUTEN VORSÄTZE MEHR!

Welch ein wunderbares Leben! Wie fühle ich mich plötzlich frei! Die ersten Tage des neuen Jahres, sie sind ein gefährliches Glacis – das ich früher nur voller Bangen betrat, weil ich mich in der Silvesternacht mit Versprechungen an mich selbst belastet hatte, obwohl ich doch aus Erfahrung wusste, dass ich sie trotz allen guten Willens nicht einhalten würde.

Ganz anders in diesem Jahr! Beim Endspurt eines Jahrtausends habe ich – der Anlass ist bedeutsam genug – die Spielregeln für mein Leben geändert. Mehr noch: Ich habe mir ein neues Grundgesetz gegeben. Und Artikel Eins lautet kurz und bündig: Keine »guten Vorsätze« mehr!

In einer Zeit, in der das »neue Denken« die neue Rede ist, habe ich mir gesagt, dass ich mich wohl endlich auch daranmachen muss, ein paar alte Zöpfe abzuschneiden, und da waren mir vor allem die guten Vorsätze ohnehin schon immer suspekt.

Ich erinnere mich sehr genau an die schmerzhafte, ja demütigende Stunde, in der ich in den ersten Januartagen – schon dann! – mit mir haderte, als ich in einer Stress-Situation nicht zur Zigarette greifen durfte, weil ich es mir ganz fest vorgenommen hatte.

Es gelang mir auch, dieses königliche Gefühl wenigstens bis zum Fest der Heiligen Drei Könige zu erhalten und allen Anfechtungen zu widerstehen. Aber kaum saß ich in der ersten Konferenz, kaum bot mir jemand eine Zigarette an, da fiel ich um wie ein Kegel. Auch mit dem Sport, wozu ich übrigens schon den abendlichen Spaziergang um den Häuserblock rechnete, kam ich so recht nicht weiter: Mal gab es eine Fernsehsendung, die mich in den Sessel zwang, mal regnete es, mal war ich zu müde, gleichviel: Der Geist war kaum noch willig, und das Fleisch war ohnehin schon schwach.

Dass die Lektüre der vielen Lebenshilfe-Bücher mir etwas gebracht hätte, mich gar zur Vollkommenheit führte, kann ich leider auch nicht bestätigen, zumal mir das Wort des weisen Goethe zur rechten Zeit dazwischenkam, das lautet: »Vollkommenheit ist die Norm des Himmels« – ich selbst aber bin ein Erdenkind, also fehlerhaft, schwach, wankelmütig.

Nun bin ich nicht so vermessen, meine neue Devise »Keine guten Vorsätze!« im Sinne des großen Philosophen Immanuel Kant zum Prinzip einer allgemeinen Gesetzgebung zu erheben. Ich bin vielmehr voller Hochachtung, wenn ich auf Menschen treffe, die eisern ihre Spur ziehen, hinein in ein diszipliniertes Leben voller Askese, Fitness und Selbstkontrolle.

Aber für mich selbst bin ich aus dem Wechselbad – hier der gute Vorsatz am Festtag, dort das jämmerliche Versagen im Alltag – »ausgestiegen«. Versprechungen, die man nicht gibt, kann man bekanntlich auch nicht brechen. Und siehe da: Die Seele fühlt sich leicht, das

Gewissen unbeschwert, die Selbstkasteiung ist zu Ende, der moralische Dauerauftrag gekündigt.

Dafür schreibe ich jetzt an einzelnen Tagen einzelne Schecks aus, denn irgendetwas Gutes ist an den guten Vorsätzen ja dran: eine Woche ohne Alkohol, einen überfälligen Besuch im Altenheim, einen Rosenstrauß außer der Reihe für meine Frau, einen langen Spaziergang auch nach der Tagesschau. So hoffe ich, wenigstens in kleinen Raten auch dem großen Ziel näher zu kommen, das uns ja alle verbindet: immer noch besser zu werden!

Der Blick in ein altes Adressbuch:
eine Reise in die Vergangenheit

Da liegt es vor mir, das neue Adressbuch, in feinstem Leder eingebunden, wirklich luxuriös, auf dem Deckblatt sind sogar meine Initialen in Gold – das noble Geschenk eines Freundes –, und, was ich erst jetzt spüre: eine plötzliche Herausforderung!

Denn nun muss ich darüber befinden, ob ich mein altes, zerlesenes Adressbuch ausrangiere, ob ich die vielen Namen übertragen soll – was zugleich den Abschied bedeutet von diesem liebgewordenen Stück: Wie viele hundert Hotelzimmer hat es gesehen, wie viele tausend Kilometer ist es mit mir geflogen, immer tat es zuverlässig seine Dienste, wenn ein Buch eine »treue Seele« sein kann, dieses Buch ist es, warum der Tausch?

Aber da es schon arg zerfleddert ist, fange ich an, in der Reihenfolge des Alphabets die Namen umzuschreiben. Und damit beginnt eine seltsame, ebenso wunderbare wie schmerzhafte Reise in die Vergangenheit.

Schon beim Buchstaben A geht es los, gleich beim ersten Namen: Ein Bekannter, den es nach New York verschlagen hatte, seit Jahren gab es von ihm kein Lebenszeichen mehr, die Adresse hatte ich mir mit dem Versprechen notiert, »wenn ich mal rüberkomme, rufe ich durch«. Aber als ich kürzlich in New York war, fand ich doch keine Zeit. Wunsch und Wirklichkeit sind weit auseinander, auch Bekanntschaften zerstört die alles verschlingende Zeit. – Ich werde seine Nummer nun nicht mehr übertragen.

Es folgen Namen, die ganz selbstverständlich in das neue Buch gehören. Der Masseur, der Zahnarzt, all die Connections, die man braucht, um durch den Alltag zu kommen, dazu die Notrufe, der Taxiruf, die Theaterkasse, all dies Praktische.

Und dann plötzlich stoße ich auf den ersten Namen eines Menschen, der verstorben ist. Ich halte inne, denke über unser letztes Gespräch nach – es war von einer unverbindlichen Heiterkeit, er war es, der wieder zurückrufen wollte, keine Schuldgefühle also, wenigstens das nicht. Und doch: Je weiter ich beim Übertragen vorankomme, desto öfter gibt es dieses grausame Gefühl des Sich-nie-mehr-melden-Könnens.

Da ich mir immer alle Adressen notiere, die irgendwann einmal wichtig sein können, muss ich nun die Brüchigkeit vieler Beziehungen erkennen – Reisebekanntschaften ähnlich, nur für eine Wegstrecke des Lebens. Wunderbare Begegnungen waren darunter, von denen ich heute gar nicht begreife, dass sie sich nie wiederholen – ja, so ein altes Adressbuch kann eine verdammt harte Lektüre sein.

Plötzlich, inmitten der vielen Namen, tauchte die Nummer eines lang verschollen geglaubten Freundes auf. Ich rief ihn spontan an. Er war total überrascht. Ob er mir irgendwie helfen könne? Nein, ich wollte nur mal hören, wie es ihm ergangen ist in all den Jahren des Schweigens.

Wir haben uns sofort zum großen Wiedersehen verabredet. Er war ganz glücklich. Ich weiß schon heute, was vielleicht das Schönste an diesem neuen Adressbuch ist: dass wenigstens eine Verbindung aus fast vergessenen Tagen wieder mit Leben erfüllt wird.

Und ich denke plötzlich: Da ist ein Buch mit hundert Nummern, man muss nur wählen. Telefonieren ist ja so einfach – warum machen wir es uns eigentlich damit trotzdem oft so schwer?

WENN EIN FRÜHSTÜCK
ETWAS GANZ BESONDERES WIRD

Es begann damit, dass meine Frau, während sie den Wecker um eine Stunde vorstellte, zu mir den Satz sagte, den ich noch heute im Ohr habe: »Übrigens, morgen früh kommt deine Tochter zum Frühstück.«

Nun muss man tief in die Psychologie einer langen Ehe einsteigen, um zu begreifen, was es bedeutet, wenn eine Frau nicht, wie sonst üblich, von »unserer« Tochter spricht, sondern die Zuspitzung »deine« Tochter wählt. Das geschah natürlich nicht zufällig. In wichtigen Augenblicken einer Ehe ist nichts zufällig.

Natürlich wusste ich auch sofort, was diese Vokabeln zu bedeuten hatten. Sie sollten signalisieren: Reiß dich zusammen, Alter! Räume deine Sachen auf, schaffe Ordnung, unsere Tochter soll keinen schlampigen Eindruck von uns haben.

Dass der nächste Morgen dann ein ganz anderer Morgen wurde als alle anderen Morgen der letzten Zeit, wem muss ich das erzählen? Meine Frau rotierte in der Küche, als ginge es nicht um ein Frühstück, sondern um einen Staatsempfang. Zuvor hatte sie im Wohnzimmer zugeschlagen, die Gardinen gerafft, die Möbel hin und her gerückt, die Zeitungen weggeräumt, den Staubsauger noch einmal dröhnen lassen, mich dabei aus dem Zimmer vertrieben.

Als ich zwanzig Minuten später wieder im Wohnzimmer stand, erschrocken angesichts der nunmehr beinahe sterilen Atmosphäre, sagte ich nur: »Jetzt ist es hier so anheimelnd wie in der Möbelabteilung eines Kaufhauses.«

»Wir haben unsere Kinder zur Ordnung erzogen, ich möchte nicht, dass es bei uns jetzt plötzlich aussieht wie bei Hempels unterm Sofa«, fuhr meine Frau mir in die Parade, um gleichzeitig auch noch meine vorübergehende Schwäche auszunutzen und blitzschnell meinen uralten, abgeschubberten, aber immer noch heiß geliebten blauen Bademantel zu verstecken; sie tauschte das gute Stück gegen den bisher unbenutzten grünen flauschigen Mantel, den mir meine Tochter zu Weihnachten geschenkt hatte. »Was soll sie denken, wenn du den Mantel in elf Monaten nicht einmal getragen hast?«

Dann endlich war das furiose Aufräumen zu Ende – es klingelte. Sie war es! Sie kam! Meine Tochter betrat die Wohnung. Der Glanz der freudigen Erwartung in den Augen meiner Frau wich nun einem Blick, der nur eines ausdrückte: das ganz große Glücksgefühl, wenn das liebe Kind wieder einmal zu Hause reinschaut.

»Gemütlich habt ihr es«, sagte die Kleine, die ja längst die Große ist, und verteilte ihren Krempel auf alle Möbelstücke, sodass es in Sekundenschnelle wieder aussah wie bei Hempels unterm Sofa. »Hoffentlich habt ihr euch keine Umstände gemacht«, fügte sie noch hinzu, und ich log: »Überhaupt nicht.«

Als meine Tochter nach einem urgemütlichen Frühstück schließlich gegangen war, suchte ich verzweifelt –
und vergeblich – nach meinem Blutdruckmesser, diesem kleinen Zauberding mit der Manschette am
Handgelenk, das mir seelische Freuden und Leiden
sofort signalisiert.

»Den hab ich versteckt, es ist nicht gut, wenn solche
Dinge und Medikamente und Pillendosen herumliegen, Kinder wünschen sich doch jugendliche Eltern,
nicht wahr?«

Diesmal erwartete meine Frau keine Antwort. Sie hatte ja recht. Wenn wir schon nicht gerne an den nagen-
den Zahn der Zeit erinnert werden wollen, wie sehr
trifft das erst auf die Kinder zu.

Ein Enkel kommt –
der wichtigste Besuch des Jahres

Wenn ich jetzt noch einmal darüber nachdenke, dann weiß ich: Alles begann mit den Gummibärchen, mit diesen kleinen roten, gelben, giftgrünen Gummibärchen, die – in einer Großpackung und buntschillernd wie ein Kaleidoskop – auf dem Schreibtisch meiner Frau lagen.

Da diese süße Verführung nicht gerade unser bevorzugtes Naschwerk ist, erlaubte ich mir die beiläufige Frage: »Für wen hast du eigentlich diese Dinger gekauft?«

Da erfuhr ich: Er kommt! Wichtigster Besuch des Jahres, wenn ich es genau nehme – als Großvater immerhin! –, denn unser zwölfjähriger Enkel stand plötzlich ins Haus, »er landet schon heute Abend in Hamburg«. In den folgenden Stunden begann sich auf geheimnisvolle Weise alles um mich herum zu verändern, eine nervöse Stimmung in Erwartung des kleinen Prinzen: Meine Frau holte aus dem Keller eine alte Spielzeugkiste, ich musste mein Bett räumen, denn der junge Herr hatte sich gewünscht, wie im vergangenen Sommer ausgerechnet in meinem Zimmer zu schlafen, »weil dort so viele technische Geräte stehen«.

Schlagartig wurde mir klar, wer jetzt die Hauptperson sein würde und wo ich in den nächsten Tagen in der

Familie meinen Platz zu suchen habe – in der zweiten Reihe nämlich.

Das sorgfältig geplante Vergnügungsprogramm umfasste Bootstouren auf der Alster, Ausflug an die Ostsee, Erklimmen des Fernsehturms, Karussellfahrten auf dem »Hamburger Dom«, Kino und Theater, wirklich ein Mammutfeuerwerk – meine Frau führte die Regie. Und ich? Ich wurde gar nicht erst eingeplant. »Du hast ja doch nie Zeit!«, sagte sie vorwurfsvoll. Ich muckte nicht einmal auf, die Erfahrung vergangener Jahre gab meiner Frau ja leider recht.

Dann aber geschah Unvorhergesehenes, und ein gnädiges Schicksal brachte mich noch ins Spiel. Denn da war: der Fernseher! Die Glotze. Der Zauberkasten, der den Trick enthielt: Weil Philip bei seinen Eltern höchstens eine Stunde fernsehen durfte, bei uns aber – dank Kabel mit zwanzig Programmen – stundenlang vor dem Bildschirm hockte, wurde ich unversehens zum Anwalt seiner Lieblingsbeschäftigung.

Während nämlich meine Frau eingedenk der Zusage an ihre Tochter (»Höchstens eine Stunde pro Tag«) immer öfter in die Defensive geriet und schließlich sogar der pädagogischen Verzweiflung nahe war, trat ich mannhaft für meinen Enkel ein: »Lass den Jungen doch wenigstens bei uns machen, was er will – und wenn seine Augen viereckig werden.«

Ich hatte plötzlich den richtigen Verbündeten gefunden, um als Großvater doch noch mitzumischen – auch wenn es »nur« ein Fernseher war. »Erst bei den Enkeln ist man schließlich so weit, dass man die Kinder ungefähr verstehen kann«, schrieb einst Erich Kästner, der uns »Das fliegende Klassenzimmer« schenkte. Dieser Kenner der Kinderseele wusste: Das Unmögliche möglich machen, das ist es! Das ist das ganze Geheimnis des Kinderglücks.

Als Philip sich vier Tage später verabschiedete, gestand er: »Das Schönste bei euch war das Fernsehen.« Meine Frau konnte ihm nur noch sagen: »Das brauchst du aber deiner Mutter nicht zu sagen.« Und der Junge? Er hat es versprochen. Ehrenwort, großes Indianer-Ehrenwort!

Die »Talk-Show-Epidemie« –
und was Goethe dazu sagen würde

Das Fernsehen ist von einer Epidemie befallen, die sich mit der Geschwindigkeit und Hartnäckigkeit einer Hongkonggrippe wellenförmig auf allen Kanälen immer weiter ausbreitet – die »Talkeritis«.

Wohin du auch mit der kleinen Wunderwaffe Fernbedienung zielst, du kannst sicher sein, entweder sofort oder Minuten später auf das zu treffen, was sich etwas hochtrabend Talk-Show nennt – eine Mogelpackung, denn die Showeffekte, die Auge und Ohr verwöhnen, sind doch eher spärlich.

Die Dompteure, die die Gäste im Zaum halten sollen, weil es sich meistens um grandiose – und gnadenlose! – Selbstdarsteller handelt, verraten gerne, »dass es vor allem auf die Mischung der Gäste ankommt«.

Wenn ein tiefgekühlter Nadelstreifenmanager neben einer Ulknudel sitzt, ein feinsinniger, aber bisher leider total unbekannter Literat neben einem aufdringlichen Wunderheiler, dann ist das Rennen schon fast gelaufen. Dass sich die »Talkeritis« so ausbreitet, hat natürlich auch damit zu tun, dass die Sender auf diesem Wege relativ preiswert zu einer Live-Sendung kommen, die gegenüber jeder Konserve den prickelnden Vorteil hat: Es könnte ja noch irgendetwas Schlimmes passieren, eine Beleidigung, ein Eklat gar.

Ein weiteres Erfolgsgeheimnis: Die Talk-Show enthebt uns der Verpflichtung, selbst zu denken, zu reden. Und neidlos muss man zugeben, dass viele Gespräche wirklich weitaus interessanter sind, als wir sie mit unseren privaten Gästen zu Hause je zustande bringen.

Das Zuschauen lohnt aber noch aus einem anderen Grund: Wir können auf unterhaltende Weise etwas sehr Wichtiges lernen. Denn in der Talk-Show wird uns, wie in einem Lehrfilm, genau jene Kunst vorgeführt, die man unbedingt beherrschen muss, wenn man heute mitmischen will. Ich meine die Kunst, sich das Wort zu erobern, um es dann – nicht wieder loszulassen.

Der simple Trick besteht darin, sofort zu annoncieren, »dass man nur drei Dinge sagen will«. Sollte nach fünf Minuten bei Punkt zwei ein ungeduldiger Zwischenruf kommen, sagt man ganz einfach: »Lassen Sie mich doch bitte erst einmal ausreden« – das ist wie ein Matchball.

Meistens beherrschen diese Kunst nur die Profis: Das sind die Dauer-Talker, die von Sender zu Sender ziehen – Wanderer zwischen den Fernsehwelten. Kein Zuschauer kann ihnen entkommen. Wie im Märchen vom Hasen und vom Igel sind sie alleweil immer schon da.

Die ganze »Talkeritis« ist natürlich, kulturphilosophisch gesehen, nur deshalb so in Mode, weil die einmalige Mixtur von verbalem Exhibitionismus und medialer Präsenz (»Ich habe Sie gestern im Fernsehen gesehen«) für die Akteure geradezu unwiderstehlich ist.

Talk-Show als Sucht! Hat man heutzutage nicht sowieso manchmal das Gefühl, dass nur noch die eine Hälfte der Menschheit arbeitet – während die andere inzwischen ganz prima damit zurechtkommt, dass sie nur noch darüber redet, redet, redet?

»Heute schon gelebt?« steht auf einem Plakat, das ich kürzlich an einer Kirche sah. Zeitgemäßer wäre die Frage: »Heute schon getalkt?« Denn wer nicht talkt, der redet eigentlich nicht mehr mit.
Und was die Qualität der Talk-Runden angeht, so suchen wir am besten Trost beim Altmeister Goethe, auch wenn er noch nichts vom Fernsehen wusste: »Gewöhnlich glaubt der Mensch, wenn er nur Worte hört, es müsse sich dabei doch auch was denken lassen.«

FOTOS AUS DER VERGANGENHEIT
UND WAS SIE DIR SAGEN KÖNNEN

Geheimnisvolles Leben. Es war am Sonntag vor einer Woche. Über meine Seele hatte sich ein novembermüder Schleier gelegt. Vielleicht lag es am trostlosen Wetter, vielleicht an meiner Zufallslektüre, diesmal waren es die »Maximen« von Goethe, in denen ich lese: »Die Welt ist eine Glocke, die einen Riss hat: Sie klappert, aber sie klingt nicht.«
Sieh an, dachte ich: So war das vor zweihundert Jahren also auch schon: die Glocke, die einen Riss hat! Die Nachrichten aus Berlin, die um sich selbst kreisenden Politiker, die ermüdenden TV-Diskussionen – ja, da ist wahrlich auch nur noch ein Scheppern und Klappern, kein Klingen zu hören.
Und natürlich wurde dieses melancholische Gefühl durch den November, diesen rauen Gesellen, noch verstärkt. Aber dann geschah etwas Wunderschönes: Es nahte Rettung! In diesem Fall war es die unterste Schublade einer Kommode aus dem Haus meiner Großeltern, die bei uns in einer Ecke eher unbeachtet ihr einsames Antiquitäten-Leben fristet und die ich – einer unbestimmten Eingebung folgend – entschlossen öffnete.
Und was geschah! Ich war sofort gefangen. Ich stieß auf viele hundert Fotos, die auf Erlösung warteten –

auf Erlösung von der Zufälligkeit, mit der sie dort ungeordnet aufbewahrt wurden.

Lauter Dokumente gelebten Lebens: Hochzeitsbilder, Kindstaufe, Schnappschüsse von den ersten Ferienreisen, Cervia und Cesenatico an der Adria waren die ersten Dolce-far-niente-Stationen, und – siehe da! – mein erster VW, der sich mit Zwischengas auf den Großglockner quälte …

Jedes Bild eine Geschichte – und auf den meisten Bildern: Lachen, Umarmungen, Albernheiten, Übermütiges. War das Leben, das ich hier sah, wirklich eine einzige Sause? Selbst die kleinen 6 x 9-Bilder, mit der schwarzen Boa eingefangen, die man sich vor den Bauch hielt, um von oben im Sucher das Motiv zu finden, selbst diese oft verwackelten, unscharfen Bilder – weit entfernt von der heutigen Vollglanzpracht der digitalen Fotografie – zeigten eines: Wir strotzten damals vor Lebensfreude!

Ja, die Botschaft all dieser Bilder war: Junge, du hast ein tolles Leben gehabt. Auf der Sonnenseite. Wirtschaftswunderlich verwöhnt. Immer nach oben – die schönste Zeit, die es in Deutschland je gab.

Aber dann gab es plötzlich noch einen zweiten Blick auf diese Bilder. Auch dies geheimnisvoll: Da, der Kollege, der mich auf dem Betriebsfest so herzlich umarmt, hatte er nicht hinter meinem Rücken in seiner Gier nach Karriere versucht, mich aus dem Anzug zu boxen? Und dort das verwunschene Hotel in Amalfi: Bin ich nicht nach einer Lärmhöllennacht geflüchtet? Und schließlich entdecke ich auf einem Foto meinen allerallerallerbesten Freund, den Charmeur – hatte er nicht meine Frau »angebaggert«, als ich wochenlang in der Klinik liegen musste?

Und nicht zu vergessen, wenn auch erst auf den letzten Blick: das Erschrecken darüber, wie viele von den vielen Menschen, die hier am Sonntagmorgen noch einmal in meiner kleinen privaten Fotoschau Revue passieren, in den vergangenen Jahren längst die große Reise angetreten haben, sie sind nur in Schwarzweiß oder in Farbe noch einmal zu sehen, aber kein Laut mehr, kein Lachen, keine vertraute Stimme – nur Schweigen.

»Was ist Leben? Ein Schatten, der vorüberstreicht, ein armer Gaukler, der eine Stunde lang sich auf der Bühne zerquält und tobt, dann hört man ihn nicht mehr« – so Schiller, der andere Dichterfürst aus Weimar. Kein Poetenwort trifft besser, was ich beim Anblick dieser Bilder auch spüre: Man kann die Glücksmomente des Lebens zwar optisch einfangen und festhalten, man kann die Bilder in Alben kleben, man kann sie ordnen nach Familie, Freunden, Reisen, Festen …

Aber was man nicht kann, ist dies: Die Gedanken abblocken, die sich beim Betrachten einstellen. Und diese sind wie das Leben selbst: mal himmelhoch jauchzend, mal zu Tode betrübt. Das einzige Glücksgefühl – und darum wurde es doch noch ein schöner Morgen: All diese Erinnerungen kann mir keiner nehmen, sie sind im sicheren Land der Vergangenheit –

wie in einem Schweizer Tresor. Niemand kann sie mir stehlen, die schönste Botschaft dieser alten, oft schon vergilbten Bilder.

WACHWECHSEL IN DER FIRMA:
DER SCHWERE ABSCHIED VOM »ALTEN«

Da standen sie im Kreise, die vielen kleinen Chefs, die Abteilungsleiter und Kostenstellenleiter und all die Wichtigen, die die Maschinerie des Betriebes am Laufen halten. Sie plauderten Belangloses, weil sie wussten, dass das Entscheidende doch nicht von ihnen kommen würde, jedenfalls nicht zu dieser Stunde, in der etwas anderes auf dem Programm stand: die Verabschiedung des Chefs, des Chefs der vielen kleinen Chefs sozusagen, und – noch wichtiger, interessanter und mit banger Neugier erwartet – die Amtseinführung des neuen Chefs.

Da ging auch schon die Tür auf und die beiden Herren kamen herein, keine Minute zu früh, keine Minute zu spät, Manager-Präzision. Alle Blicke richteten sich auf den Neuen, von dem sie irgendwann nur einmal den Namen gehört hatten, als das Gerücht durch die Korridore geisterte, wonach ein Wechsel ganz oben an der Spitze bevorstünde, was natürlich prompt ein Dementi heraufbeschwor – aber wer glaubt denn heute noch einem Dementi?

Ja, der Neue war jung, wirkte dynamisch, er strahlte Vitalität aus, das Rundschreiben, mit dem zu dieser Zeremonie eingeladen worden war, hatte ja auch die Begründung schon mitgeliefert, »man wolle die Verantwortung in jüngere Hände legen«.

Der alte Chef ließ dem jungen Chef den Vortritt, er ging gleichsam in seinem Schatten, er hatte auch schon längst gespürt, dass er kaum noch beachtet wurde, kein Wunder: Nichts ist so neu wie ein Neuer.

Nach den Reden geschah etwas Seltsames: Als ob der Neue einen eingebauten Magnet besitzt, zog er die vielen kleinen Chefs an sich, sie drängten sich um ihn, hingen geradezu an seinen Lippen. Der andere, der alte, der in den Gedanken schon abgeschriebene Chef stand abseits, erkannte plötzlich, dass der Zauber der Macht endgültig gebrochen war. Drei, vier Kollegen aus alten Tagen sprachen noch mit ihm, mehr aus Höflichkeit, wie es schien, oder weil bei dem Neuen, der nur zwei Meter weiter entfernt stand, sowieso kein Platz war.

Nach vierzig Minuten war der Spuk vorüber! Die beiden Herren gingen, wie sie gekommen waren: forsch und federnd der eine, etwas müde nun der andere.

Und plötzlich war Melancholie im Raum, wie immer, wenn eine Ära zu Ende geht. Der Alte hatte zwar noch gelächelt, als er durch das Spalier der Mitarbeiter ging. Aber es war ein Lächeln mehr für sich selbst, nicht dafür bestimmt, noch irgendjemanden hier für sich zu gewinnen, wo er sowieso nichts mehr gewinnen konnte.

Erst als beide draußen waren, sagte einer: »Jetzt wird alles neu. Und wisst ihr, was ich glaube? Wir müssen uns jetzt ganz schön warm anziehen.«

Ja, ja, die Zeiten ändern sich immer wieder. Für die kleinen Chefs, die großen Chefs, für alle. Aber das Leben sorgt für Gerechtigkeit: Eines Tages wird der Neue der Alte sein. So wie heute, genauso wie heute.

WENN WIR SELBST IM MITTELPUNKT STEHEN: DER FILM DES EIGENEN LEBENS IM ZEITRAFFER

Es sind ja wirklich nur Minuten, in denen sich alles zuspitzt, in denen unsere Gefühle sich erheben: bei einer Ehrung, einem runden Geburtstag, einer Ordensverleihung, beim Start in ein neues Amt, bei einem Abschied.

Dann stehen wir da, umringt von Freunden, Bekannten, Mitarbeitern, irgendjemand hat großzügig eingeladen – und wir sind der Mittelpunkt, der Ehrengast, nur weil irgendein Datum fällig ist.

Nun schütteln wir fünfzig, hundert oder mehr Hände, die Glückwünsche klingen entweder feierlich, »Mögen Sie uns weiter in alter Frische erhalten bleiben«, oder salopp, »Mach's gut, altes Haus«. Und hinter uns steht der kleine Tisch, auf dem sich die Geschenke türmen, abends wird man sie zu Hause auspacken, wenn der Empfang vorüber ist.

Aber noch gibt es das Defilee der Gratulanten, die Reden! Bist du wirklich derjenige, der hier besungen wird? Ja, du bist es, an einigen Daten und Tatsachen, die unverrückbar sind, hast du es erkannt, sonst würdest du ja glatt denken, hier wird jemand anderes geehrt! War man wirklich so gut, so menschlich, so großartig, so hilfreich, so wirksam, so unersetzlich?

Bei jedem Gesicht, das sich einem entgegenbeugt, werden Assoziationen geweckt: Der Film des eigenen Lebens läuft nun wie im Zeitraffer ab, tausend Erinnerungen sind plötzlich da: an die Stationen deines Lebens, an Entscheidungen, Diskussionen, an Siege, aber auch an Niederlagen, die höflicherweise heute und hier nicht erwähnt werden.

Es geht alles so schnell, so unwirklich schnell! Schon ist die Laudatio gehalten worden. Schon bilden sich Gruppen, Lachen überall, einige suchen noch deine Nähe, während andere – du siehst's genau – bereits dem Ausgang zueilen. Was sich Wochen zuvor mit Einladungen, Terminabsprachen, Nachfragen, auch mancher Geheimnistuerei langsam aufbaute, es zerfällt nun in Minuten.

Kurz darauf sitzt du im Auto, fährst heimwärts, das Fest ist vorüber. Die Frau fragt beim Nachhausekommen, wie es denn gewesen sei. Du hörst dich antworten: »Eigentlich war es doch ganz schön« – denn »eigentlich« wolltest du ja nicht so groß gefeiert werden, eher bescheiden sollte es zugehen, nur keine Umstände, bitte, den anderen nicht zu viel zumuten, die eigene Person bloß nicht so wichtig nehmen ...

Aber diese schwebenden Minuten, in denen du, wie in einem Brennglas, einmal auf dein eigenes Leben schauen durftest – natürlich nur von der Sonne der Verwöhnung und Zuneigung bestrahlt –, diese Augenblicke sind nun schon unerbittlich Vergangenheit. Hat man es vermocht, sie richtig zu genießen? Vielleicht gibt es Ereignisse, die erst dann unsere Seele erreichen, wenn sie in uns nachschwingen, weil im Augenblick des Geschehens unsere Aufmerksamkeit allzu sehr beansprucht wird. Im Mittelpunkt zu stehen, das ist so ein Ereignis. Da ist man befangen, das kann man ja nicht üben, weil man dort zu selten steht, nicht wahr? Aber im Nachklang, da entfaltet sich die Freude doch noch – und die Dankbarkeit.

DIE TRAUER IST DER EINZIGE TROST

Ich muss warten. Ich warte ungern. Ja, ich hasse Warten. Vor mir ein Mann im schwarzen Mantel, leicht gebeugt, so um die siebzig. Er redet mit dem Mann an der Kasse. Drei Minuten, vier Minuten. Ich muss warten. Nun redet er hinein in die fünfte Minute.

Ich möchte dazwischengehen, sagen, dass ich es eilig habe, Weihnachtseinkäufe, ich kann hier nicht meine Zeit vertrödeln, nervös sind wir alle, da kann man doch nicht so lange herumpalavern.

Ob der junge Mann mal zu mir herüberschaut, damit ich mich mit meiner Ungeduld bemerkbar machen kann? Vergebens. Er hört dem Mann im schwarzen Mantel zu. Geduldig.

Geheimnisvoll, warum ich mich nicht traue, ihm zuzurufen: »Sind Sie endlich fertig!?« Oder: »Wird man hier heute noch mal bedient?« Irgendwas Respektloses, das wäre fällig.

Aber ich stehe mit meinen Getränkekisten im Getränkegroßmarkt hilflos herum – und warte. Für Sekunden überlege ich, ob ich die Wasserflaschen einfach stehen lasse und verschwinde: »Es gibt ja schließlich noch andere Geschäfte.« Aber ich warte weiter.

Plötzlich legt der junge Mann an der Kasse seine rechte Hand auf die Schulter des Mannes im schwarzen Mantel, beugt sich vor, flüstert. Dann dreht sich der alte Mann um und ich sehe sein Gesicht: So viel Verlorenheit im Blick habe ich seit Ewigkeiten bei keinem Menschen gesehen.

»Was war denn los?«, frage ich später.

»Der Herr, der da eben ging, hat vor vier Tagen seine Frau verloren. Und denken Sie mal: Weihnachten steht vor der Tür …«

Pause.

»Wissen Sie, der Herr hat niemanden. Keinen Menschen. Die einzige Tochter, verheiratet in Amerika. Aber da kann er nicht hinfliegen. Thrombosegefahr, die Ärzte haben es ihm verboten.«

Pause.

»Sie müssen mich entschuldigen, aber in einer solchen Situation muss man doch ganz einfach nur zuhören. Das verstehen Sie doch?«

Pause.

»Ich finde es toll, dass Sie so ruhig gewartet haben. Aber was sollte ich machen? Der Mann wollte wissen, ob er sich überhaupt einen Baum für den Heiligabend kaufen soll. Es sei doch alles so sinnlos geworden, nach dem Tod seiner Frau. Ich habe ihm gesagt: kaufen. Aber weiß ich, ob das richtig war?«

Pause.

»Man muss einen solch armen Mann in seiner Trauer doch aufbauen, Sie verstehen …« Ich antwortete, es gebe die alte Lebensweisheit, wonach die Trauer der Trauernden einziger Trost ist, diese Trauer dürfe man

nicht stören, sie müsse auf dem Strom der Zeit dahin-
gleiten wie eine Woge, bis sie irgendwann ans Ufer
schlägt und verebbt.

Und ich dachte, während er die Preise in den Computer tippte: Seltsam, wie sich die Aura eines Menschen
verändert, sobald er ein Schicksal trägt. Wie sich um
ihn ein Kraftfeld aufbaut, in das wir nicht mit alltäglichen Banalitäten eindringen dürfen. Und dass wir solches auch spüren, ohne dass es uns jemand sagt.
»Wissen Sie, was der Herr vor Ihnen am Schluss zu mir
gesagt hat?« Der Mann an der Kasse lächelt nun, als sei
ihm Glückliches widerfahren. »Er sagte, das Gespräch
mit mir sei für ihn ein vorweggenommenes Weihnachten gewesen. So einfach kann es manchmal sein zu
helfen. Das verstehen Sie doch? Und nochmals: Vielen Dank für Ihre Geduld.«

DIE ALTE DAME WIRD MIR VERZEIHEN –
DACHTE ICH

Jetzt biege ich in die Straße ein, die zum Krankenhaus führt. Ich stelle in der Kurve das Autoradio ab, ich kann die Rockmusik nicht mehr ertragen! Ich schaue auf den Blumenstrauß, den ich für sie besorgt habe, es sind Rosen, dunkelrote Rosen, ihre Lieblingsblumen.

Auf dem Parkplatz bleibe ich für einige Minuten sitzen, überlege, ob ich mich für meine Verspätung entschuldigen soll, dass ich nicht, wie versprochen, sogleich gekommen bin, nachdem sie hier eingeliefert worden ist.

Die alte Dame wird mir verzeihen, sie hat mir immer verziehen. Das schnelle Leben, das wir führen, war ihr ohnehin schon lange rätselhaft erschienen. »Wie bitte, du rufst aus Rom an, da war ich zuletzt vor vierzig Jahren, und das auch nur einmal – und du bist schon wieder dort?« – ihr Erstaunen klingt mir noch im Ohr.

Ich denke, dass ich doch sofort um Entschuldigung bitten werde. Es ist besser. Denn wie lange ist es her, dass ich mein »baldiges Kommen« angesagt hatte? Zwei Wochen, drei Wochen? Für mich sind sie wie ein Flügelschlag vergangen – aber wie lang muss ihr die Zeit nach der Operation erschienen sein: in dem einen

Zimmer, in dem einen Bett, im trostlosen Rhythmus zwischen Fiebermessen, Arztvisite, den Handreichungen der Krankenschwestern, dem Warten.

Seltsam, ich erinnere mich genau, in welchem Zimmer sie liegt – zweiter Stock, Nummer 27, obwohl sie es doch eher beiläufig erwähnt hatte, »damit du mich schneller findest«. Das Unterbewusstsein registriert sehr genau, was von Bedeutung ist. Zimmer 27 war jetzt von Bedeutung.

Ich werde die Blumen noch im Korridor auspacken, damit sie, wenn ich eintrete, sofort sieht, dass es Rosen sind, dunkelrote Rosen – sie soll sich sofort darüber freuen können.

Sie wird mich sicher fragen, ob ich diesmal etwas Zeit mitgebracht habe oder ob ich gleich wieder davoneilen müsse. Ich werde darum den Besucherstuhl sofort an ihr Bett rücken, damit sie spürt, wie nahe ich ihr sein möchte.

Nun stehe ich vor dem Zimmer – und erschrecke! Ein Schild ist an der Klinke angebracht, unübersehbar, es hängt auch nur an ihrer Tür, an keiner anderen Tür auf dem langen weißen Korridor hängt ein solches Schild, ich lese: »Besucher wollen sich bitte erst bei der Direktion melden.« Ein abweisender Text, er kommt mir geradezu feindlich vor.

Warum hängt dieses Schild hier? Was ist passiert? Gilt diese Aufforderung nicht nur für die vielen anderen fremden Besucher? Schon will ich die Klinke herunterdrücken, aber der Mut verlässt mich: In der Klinik gehört nichts mehr dir, die »Götter in Weiß« sind es, die alles Geschehen in ihren Händen halten, ich fühle mich ohnmächtig, verlassen, einsam.

In der Direktion erfahre ich, wie ernst es um die Patientin steht. Dass sie nach einer Spritze schläft. Dass man »nichts Genaues« sagen könne, aber leider auch nichts Ermutigendes. »Rufen Sie bitte später noch einmal an.«
Und am Abend höre ich vom Chefarzt, dass ich leider zu spät gekommen war.

Es ist ein Elend, dass wir da draußen in der gehetzten Welt immer wieder wichtige und unwichtige Termine durcheinanderbringen, sie hin- und herschieben, wie es uns gerade gefällt, und dabei dem Irrtum erliegen, die Uhren würden ewig laufen.

ES GIBT KEINEN TROST BEIM »AUFLÖSEN« EINER WOHNUNG

Wer schließt die Tür zuerst auf, meine Frau, ich? Einer von uns beiden muss die Tür aufschließen, obwohl wir wissen, wie schwer uns dieser Weg fällt. Habe ich mich eben im Flur nach der Post umgesehen, die auf dem kleinen Mahagonitisch lag, um mit der Verzögerung Zeit zu gewinnen, damit meine Frau inzwischen vorausgeht? Es gibt solche Augenblicke, in denen dich das Unterbewusstsein steuert. Immerhin waren wir gekommen, um einen Haushalt »aufzulösen«, der plötzlich seines Sinnes beraubt war – ein Todesfall.

Zuerst öffneten wir die Fenster, seit Wochen waren sie geschlossen, die Luft im Raum war wie von einer anderen Welt. Die Rosen sind verwelkt, die noch auf dem Schreibtisch standen, ein kleiner Gruß von Fleurop, eine Freundin hatte gehofft, die Blumen würden sie noch erreichen.
Ich blätterte in den Briefen und Postkarten, stapelte sie nach Behörden, nach Freunden. Eine Karte aus Mallorca rührte mich besonders: »Ich freue mich aufs Wiedersehen, ich bin sicher schneller bei Dir als die langweilige spanische Post.« Der Gruß eines Enkelkindes, es konnte die Post nicht mehr einholen, der Tod war

schneller gewesen. Zwei Mahnungen in den Briefen – »Wenn Sie nicht bis zum Monatsende zahlen, sehen wir uns leider genötigt …« – vorgestanzt vom Computer, wer hat noch etwas anzumahnen?

Auf dem Fensterbrett, liebevoll aufgereiht, die Fotos: von der Familie, von einem Ferientag am Meer – das war im letzten Jahr, bevor die Krankheit kam, die ihr Leben langsam und unheimlich verwandelte, ein Widerschein unbeschwerter Tage.

In einer Schublade: die Heiratsurkunde, die polizeiliche Anmeldung, eine Scheckkarte, der Pass, all diese Papiere, die die Existenz begründen, ohne die man offiziell nichts ist – die auch jetzt gebraucht werden, und die doch nichts mehr bedeuten.

Da, ein Teddybär. Ihr Talisman. Ihr Talisman aus Kindertagen. Hindurchgerettet durch Bombennächte, Hungerjahre, Wunderjahre, immer stand er in ihrer Nähe, sicher hatte er einen Namen, den ich aber nicht kannte. So ein Teddy kann verdammt traurig wirken, wenn derjenige, der ihn anschaut, selber traurig ist.

Nun öffnen wir den Schrank: die Kleider, die Wäsche, die Mäntel, die Schuhe. Die Cashmere-Jacke vom vergangenen Weihnachtsfest hing da, kaum getragen. Dabei hatte sie sich so darüber gefreut – was soll jetzt Sinnvolles geschehen mit all den Sachen?

Wohin wir auch schauen, alles ist wohlgeordnet, der Abschied war nicht hastig, vielmehr sorgfältig von ihr vorbereitet. »Für den Fall, dass ich nicht wiederkommen kann«, hatte sie nur gesagt, als vor Wochen das

Taxi vorfuhr, das sie in die Klinik brachte. Sie hatte es ganz ruhig und leise gesagt, mehr zu sich selbst, sie wollte andere nicht erschrecken, einsam ist man sowieso.

Aber auch wir, die wir nun in ihrer Wohnung sortieren, was verschenkt, was weitergegeben, was vernichtet werden soll – und was wir mitnehmen zur Erinnerung –, fühlten uns unendlich einsam.

Zweitausend Mal werden bei uns täglich Wohnungen »aufgelöst« – wie diese. Das ist nur eine Zahl, das ist kein Trost. Das ist das Trostlose, dass es nämlich gar keinen Trost gibt.

Als ich ihn schon von ferne vor einem Schaufenster im Dämmerlicht stehen sah, leicht gebückt, gedankenverloren, war mein erster Gedanke, diesmal vorbeizuhuschen, denn ich hatte es eilig, und wir hatten uns ja erst vor ein paar Tagen gesprochen.

Dann kam ich in seine Nähe, er starrte immer noch in die Auslage, ich hätte glatt vorbeigehen können, aber aus Gründen, die ich mir auch im Nachhinein nicht erklären kann, blieb ich nun doch an seiner Seite stehen, mit einer heiter hingeworfenen Frage: »Wie geht's Ihnen denn heute?«

Meine Stimme hatte sich sekundenschnell in diese heitere Tonlage erhoben, weil ich ihn immer nur strahlend, erfolgreich und also heiter kannte – es wäre falsch gewesen, ihn anders anzusprechen.

Aber diesmal war es falsch! Denn nun drehte er sich zu mir um, ich blickte in sein Gesicht, sah seine rot geweinten Augen, die Aura um ihn war voller Traurigkeit.

»Meine Frau hat mich verlassen«, sagte er mit stockender Stimme. Ich wusste natürlich sofort, dass es hier nicht um Scheidung ging, dafür waren die beiden viel zu sehr ein Paar, zusammengeschweißt über Jahrzehnte, mit Kindern, ein Paar, für das das Gelöbnis »bis dass der Tod euch scheidet« keine Floskel war.

Nun berichtete er, dass seine Frau vorgestern gestorben sei, »in der Intensivstation«, ein Schmerzanfall hätte sie vor ein paar Tagen überwältigt, dann sei der Arzt gekommen, dann der Krankenwagen, dann das grausame Warten am Krankenbett, »aber sie hat das Bewusstsein nicht mehr wiedererlangt«.

Seine Tochter sei sofort zu ihm gekommen, nur mit einem kleinen Koffer, sie würde auch in den nächsten Wochen um ihn sein. »Es ist schön, in solchen Tagen eine Tochter zu haben.«

Der alte Herr beugte sich zu mir vor, er sprach davon, dass die Tochter ihm nun etwas von der Liebe zurückgeben würde, die er zeitlebens für sie empfunden hatte.

Ich sagte, dies sei doch sicher ein kleiner Trost, und er meinte, dass nicht jeder Mann in einer solch »glücklichen Lage« sei wie er.

Väter und Töchter – das ist ein geheimnisvolles Wechselspiel, mit keiner Beziehung vergleichbar, eine Liebe, die auch im Tempo des dahinfliegenden Lebens Bestand hat, »auch wenn wir manchmal nur einmal im Monat telefoniert haben«.

Bis dann eines Tages … Der alte Herr erkennt plötzlich, wie sehr mich die Nachricht erschüttert, und so gibt er mir die Hand, als ob – verkehrte Welt! – er mich nun trösten müsse. »Machen Sie sich keine Sorgen«, sagt er zu mir, »wenn ich jetzt nach Hause komme, ist meine Tochter da, da kann nichts passieren, da kann wirklich nichts passieren.«

Ich musste an die Worte des griechischen Dichters Euripides denken: »Für einen greisen Vater gibt's nichts Holderes als eine Tochter.« Zweitausend Jahre Menschheitsgeschichte haben an dieser Wahrheit nichts geändert, auch wenn wir uns – modern wie wir sind – heute schwertun, von »holden Töchtern« zu sprechen. Aber sie gibt es, und sie sind da, wenn sie gebraucht werden.

DIE NÜCHTERNHEIT DER FRÜHMASCHINE
UND TRÄUME IN DER ABENDMASCHINE

Nur nicht nervös werden, nicht schon um sieben Uhr morgens, der Tag ist ja noch gar nicht richtig ins Laufen gekommen. Da hat man sich abgehetzt, aufs Frühstück verzichtet, nun steht man am Lufthansa-Schalter, möchte schnell seinen Platz in der Frühmaschine nach Köln/Bonn reservieren – aber vor dir steht einer, mit seinen Koffern, der will nach Abu Dhabi … – über Frankfurt, Raucherplatz. Das Mädchen hackt endlos auf die Tasten des Computers. Schreibt sie vielleicht einen Roman? Was sucht sie? Was findet sie nicht?
Vielleicht sollte ich schnell den Schalter wechseln, nebenan warten nur zwei Herren – ohne Gepäck. Einer mit Gepäck nach Abu Dhabi ist schlimmer als zwei ohne Gepäck nach Köln oder München.

Aber dann bleibe ich doch. Schaue mich um. Überall graue Gesichter. Manager unterwegs. Heerscharen von Managern müssen heute wieder unterwegs sein, alles ist ausgebucht. Wer auf der Warteliste wartet, sieht noch grauer aus als die anderen, die ihr Okay schon in der Tasche haben.
Kein Lächeln rundum, kaum ein Laut, Frühmaschinen haben etwas unerbittlich Nüchternes an sich. Ganz anders zwölf Stunden später, am Abend. Da sind sie

zwar auch wieder alle miteinander versammelt, die Entscheidungsträger, die Macher mit den schmalen Köfferchen und Zahlenschlössern, diesen Insignien der Manager-Macht und -Herrlichkeit – wer weiß, was da wirklich hinter Aluminium und Leder, sei's Nappa oder Krokodil, versteckt ist: »Positionspapiere«, Korrespondenzen, Bilanzen – oder »Lui«, »Playboy«, »Bonner Generalanzeiger«? Natürlich stehen alle wieder Schlange, aber lockerer. Nicht so eng, nicht auf Atemnähe wie am Morgen. Irgendwie wird man schon noch heimkommen. Stimmengewirr, man redet miteinander. Es wird sogar gelacht. Denn sie haben nun alles hinter sich – die Konferenzen, die Geschäfte, ihr Monopoly ohne Würfel.

Am Morgen waren sie auf Angriff gestimmt, memorierten noch einmal ihre Verhandlungsstrategie, flogen dann hinein ins Ungewisse, nicht jedes Geschäft klappt ja schließlich – doch nun war alles gelaufen: Die Unsicherheit hatte sich in Sicherheit verwandelt, man hatte – so oder so – ein Ergebnis. Der Tag geht – und die Abendmaschine kommt.

Und mit ihr kommt etwas ganz Wunderbares: eine lässige Stimmung. Nun wartet keiner vor dir, der noch nach Abu Dhabi will. Der Check-in geht ruck, zuck, die Finger der Mädchen fliegen über die Tasten des Computers, die Stewardessen lächeln, der Flugkapitän verkündet, dass wir »fünf Minuten vor der Zeit« landen werden – er will ja schließlich auch nur, was wir alle wollen – nach Hause.

In der Kabine: entspannte Passagiere. Mehr Gin-Tonic, weniger Kaffee. Müdesein ist jetzt erlaubt. Der Erfolgskoffer bleibt geschlossen, der Wirtschaftsteil der Zeitungen wird überblättert.

In einer Illustrierten Bilder von den Rocky Mountains, man hängt seinen Gedanken von Freiheit und Weite nach. Wenn man doch jetzt nicht nach Fuhlsbüttel, sondern nach San Francisco durchfliegen könnte!

Ja, Abendmaschinen können dich zum Träumen bringen. Das Schönste an Managers Hinflug ist allemal der Rückflug.

GESTÄNDNISSE EINES STUDIERTEN
HYPOCHONDERS

Ich bin ein leidenschaftlicher Hypochonder. Schon beim kleinsten Zipperlein zittere ich. Hypochonder haben nach Knaurs Lexikon eine erhöhte seelische Bereitschaft für körperliche Leiden. Und die Endstation auf diesem unseligen Weg ist – nicht nur bei Molière – der »eingebildete Kranke«. Aber ganz so weit bin ich noch nicht. Ich kämpfe noch.

Da auch bei dieser Schlacht um die Gesundheit Wissen nun einmal Macht ist, verschlinge ich alles, was über Medizin gedruckt wird. Keine Gratis-Broschüre in Apotheken ist vor mir sicher. Und im Fernsehen bin ich dabei, wenn Deutschlands prominente TV-Ärztin Antje Kühnemann zum Diskurs mit Experten einlädt. Das verstehe ich unter Grundversorgung.

Natürlich zapfe ich auch selbst Quellen an. Bestelle Infos von den berühmtesten Universitäten. Lese von Gürtelrose über Sodbrennen bis zu Nierensteinen alles. Aber der Preis ist hoch: Ich finde mich plötzlich im Dickicht der Koryphäen wieder, die manchmal auch als »Fachidioten« beschimpft werden.

So dachte ich, Zink sei das Mittel der Wahl, wenn es um meinen frühherbstlichen Schnupfen geht. Zink bringe mein Immunsystem auf Touren wie ehemals

Schumi seinen Ferrari, Zink sei der Motor gegen Killerzellen. Und nun?

Nun lese ich in Mitteilungen der kalifornischen Universität Berkeley, dass Patienten, die Zink einnehmen, genauso lange herumhusten wie jene, denen man nur ein Placebo in den Mund schiebt – so eine Art Gummibärchen der Medizin.

Ein anderes Beispiel im Verwirrspiel: Die Vitamine, die ich mir als studierter Hypochonder natürlich gönne. Die tägliche Ein-Gramm-Bombe schirmt mich ab – gegen alles. Dachte ich.

Und was sagt nun Berkeley? Berkeley gießt kalifornischen Wein in meinen Brausetrank. So lesen meine durch zu viel Vitamin A getrübten Augen, dass derjenige, der täglich 200 bis 400 Milligramm Vitamin C zusätzlich schluckt, damit die Konzentration dieses Vitamins im Körper »kaum beeinflusst«, zu viel aber mit Rücksicht auf seine Nieren auch nicht schlucken sollte. Unter dem Trommelfeuer solch widerstreitender Medizin-Informationen gehe ich langsam in die Knie, wo sich übrigens erstes leichtes Rheuma meldet. Und keiner verrät mir das gültige Rezept dagegen. Grüner Tee, literweise? Oder die wohlige Heizdecke? Oder der Eisbeutel? Gymnastik ja, Joggen nein?

Das Schlimmste an dieser Dauerlektüre ist: Man erfährt plötzlich von Krankheiten, die man nie im Blickfeld hatte. Neues, Bedrohliches der unbekannten Art.

Die größte Mutprobe steht dem Hypochonder bevor, wenn er die »Nebenwirkungen« studiert. Dass zum Beispiel mein Blutdrucksenker, eine unscheinbare Tab-

lette von der Größe einer Viertel-Erbse, mir Bewusst-
seinsverlust, Sehstörungen, Schlaganfall und akutes
Nierenversagen bescheren kann, hätte ich dem Winz-
ling wirklich nicht zugetraut.

Manchmal denke ich, ich sollte aufhören, alles über
Krankheiten zu lesen. Denn wer süchtig nach Gesundheit ist, der ist auf eine andere Weise vielleicht auch
krank, nicht wahr? Aber ob ich es schaffe, weiß ich
nicht. Vielleicht sollte ich mich mehr auf das Leben
konzentrieren.

GEFÜHLE, DIE NUR EIN ALTER KOFFER
SCHENKEN KANN

Der Satz kam am Frühstückstisch so leise daher, als sei er eigentlich gar nicht gesagt worden, aber wenn es um Bruch mit Traditionen geht, werde ich ganz hellhörig, funktioniert meine eingebaute innere Alarmanlage und signalisiert mir: Vorsicht, jetzt heißt es aufpassen!

Denn was ich soeben von meiner Frau hörte, das schmerzte schon sehr: »Ich habe übrigens den alten Lederkoffer im Keller zu den Sachen gelegt, die morgen abgeholt werden.«

... den alten Lederkoffer ... Ich weiß nicht, ob Koffer fühlen, was Menschen so spöttisch daherreden, aber wenn mein Koffer – mein geliebter Koffer! – es hören könnte, er würde sich empören. Ein Tod auf dem Sperrmüll, das kann doch nicht euer Ernst sein, nach all den vielen gemeinsamen Jahren.

Ich gebe zu: Beim letzten Zwischenstopp in Frankfurt muss er auf den kilometerlangen Laufbändern einen entscheidenden Schlag wegbekommen haben – zerbeult, am Schloss aufgerissen, er sah wirklich erbärmlich aus, als er den Atlantikflug hinter sich hatte.

Und vermutlich fiel der Sperrmüll-Entschluss, als meine Frau meinen geliebten Koffer zwischen all den

Luxusvariationen sah, die eine gigantische Koffer- und Verpackungsindustrie uns heute beschert.

Ich hörte plötzlich, wie mein alter Lederkoffer mir zurief: Sei kein Schuft, verrate mich jetzt nicht, mein letztes Stündlein ist noch nicht gekommen, ich bin immer noch reisefähig, ich bin mit meinen vier Jahrzehnten zwar der Oldie unter allen Koffern; muss ich in irgendeiner Gepäckaufbewahrung warten, dann sollst du mal sehen, wie ich von den anderen Koffern, dieser modischen »luggage«, mit ehrfürchtigem Respekt behandelt werde.

Dann muss ich, lieber Freund, sogar Geschichten erzählen von all den Abenteuern, die ich mit dir erlebt habe. Denkst du beispielsweise noch an New York, als ich zu spät kam, weil das Gepäck »automatisch umgeladen« wird, was natürlich nicht immer klappt, und der Smoking zur großen Hochzeitsfeier fehlte, du musstest nachts noch schnell einen neuen besorgen, in Deutschland unmöglich: Ladenschluss.

Und dann dies: Du hast mir doch im King David Hotel in Jerusalem eines ganz fest versprochen: Hier kommen wir noch mal her, den Blick auf die goldene Kuppel des Felsendoms wollten wir unbedingt noch einmal genießen. Erinnerst du dich?

Koffer sind Schatztruhen der Erinnerungen. Einmal hatte ich etwas Seesand aus Sylt in einer meiner vielen Seitentaschen versteckt, und als du kurz vor Weihnachten für eine Geschäftsreise ins kalte Frankfurt gepackt hast und der Sand plötzlich durch deine Finger rieselte, da spürte ich, wie eine unbändige Sehnsucht nach Sommer und Sonne und Meer in dir aufstieg. Solche Gefühle schenkt nur ein Koffer.

Verstehen Sie nun, dass ich meinen zerknitterten
geliebten Lederkoffer behalten will und dass ich gleich
in den Keller gehen werde, um ihn zu retten vor dem
Abtransport, auch wenn ich zugeben muss: Es gibt
natürlich schönere, leichtere, praktischere Exemplare.
Aber wenn er, meist als Letzter, auf dem Gepäckband
am Airport angerollt kommt, dann werde ich immer
schon ganz schön sentimental.

Eines hat sich allerdings verändert: Früher war der
schönste Augenblick, wenn ich meinen Koffer packte,
auf zu neuen Zielen – »Wir wollen heiter Raum und
Raum durchschreiten, an keinem wie an einer Heimat
hängen« –, und ich mir vorstellte, wie es sein wird,
wenn ich ihn am Ziel wieder auspacke: diese unbändige Vorfreude, in diesem Leben für kurze Zeit einzusteigen in ein völlig neues Leben, wie es eine Reise schenken kann.
Und heute? Heute ist der schönste Augenblick traurigerweise, wenn ich ihn zu Hause auspacke, wenn alles
gut überstanden ist, keine Verspätungen, Umleitungen, Terror – selbst ein Eichendorff würde heute vermutlich dichten: »Wem Gott will rechte Gunst erweisen, den schickt er in die weite Welt – und wieder heil
zurück.«

Die Treue zu einem alten Sommeranzug

Da hing er also doch noch, ganz hinten links im Kleiderschrank. Er hat die endlosen grauen Wintertage überlebt, er hat von Weihnachten nichts gesehen, nichts vom Fasching, nichts von vielen kleinen Festen – dafür war er zu hell, zu leicht. Er hat vielmehr voller Ungeduld auf seine Stunde gewartet, etwas zerknittert sah er schon aus. Doch nun ist das Signal gekommen, er wird mit einem kühnen, entschlossenen Griff nach vorne geholt, die unglaubliche Sonne dieser Tage macht es möglich: Die Sternstunde des leichten Sommeranzuges ist da!

Ich halte ihn, auf den Balkon gehend, prüfend in gleißendes Licht. Er sieht eigentlich noch ganz passabel aus. Meine Frau hatte zwar im vergangenen Herbst gesagt, im nächsten Sommer sei wohl ein neuer Anzug fällig, er wirke doch schon ein bisschen altersschwach, aber ich fand jetzt: Er sah wirklich doch noch ganz passabel aus. Ob sich Anzüge im Verlaufe eines Winters erholen können? Er war viel heller, als ich mich erinnerte, er war auch leichter, als er mir damals in der spanischen Hitze erschien, wo ich ihn zuletzt getragen hatte. Und er war vor allem eines: Er war da! Anzüge, die schon da sind, finde ich toll.

Ich zog ihn an und wurde sofort für meine unwandelbare Treue zu diesem alten Stück mit verlorenen Erinnerungen belohnt. Als ich in die Tasche griff, fand ich die Eintrittskarte für einen Nightclub – ein Hauch des letzten Ferientages war plötzlich da, der Wellenschlag des Meeres, die Boote im Hafen, die Sangria-Nacht, die Luft, in der sich alle Sorgen auflösten – ich glaubte sogar, die Musik von einst wieder zu hören.

Natürlich konnte ich gar nicht abwarten, in den hellen Sommeranzug aus dem Kleiderschrank, hinten links, hineinzukommen. Fabelhaft, er passte, wie er damals passte! Ich hatte, als ich vor den Spiegel trat, schon fast das Gefühl, im Urlaub zu sein. Kleider machen nicht Leute, Kleider machen Gefühle.

In diesem Gefühl – einer Mischung von Dankbarkeit und Wiederentdeckungsfreude – ging ich ins Nebenzimmer. Ich trat meiner Frau erwartungsvoll in dem guten alten Sommeranzug entgegen. Sie meinte, mehr beiläufig, sie konnte von den Bildern meiner Phantasie ja nichts ahnen: »Ach ja, wir müssen noch in die Stadt, wir wollen dir ja einen neuen Sommeranzug kaufen.«

Ich glaube, wenn Anzüge weinen könnten, hätte ich eine dicke Träne im Knopfloch ...

Das Glück im Sommer,
wenn all die anderen im Urlaub sind

Sommerglück in leeren Städten, was für ein herrlicher Genuss. Wir gehen so leicht wie selten durch die Straßen unserer Stadt – und alles gehört uns. Die Parkplätze sind leer gefegt wie von Geisterhand. In den Geschäften sind die Menschen von nie erlebter Duldsamkeit, die Verkäuferinnen lächeln. Kaum Gedränge, Geschiebe, Eile, in den Cafés, in den Parkanlagen: Überall ist Platz und Weite. Und wann immer wir an eine Kreuzung fahren, die Ampel springt rechtzeitig auf Grün, so leer war es schon lange nicht mehr.

Es ist wahrlich ein Glück, jetzt in den Städten zu sein. Die Ferienzeit hat die Menschen herausgeholt, sie sind an der See, im Gebirge, im Ausland, vielleicht in anderen Städten, aber sie sind nicht hier. Sie haben Zeitungen abbestellt, Rollos geschlossen, sie glauben, sie hätten den ganzen Stress hinter sich gelassen, aber seltsam: Der Stress hat sich für uns, die wir daheim geblieben sind, verflüchtigt, seit die Urlauber davongefahren sind.

Nun geht plötzlich alles viel schneller, es gibt weniger Reibungen, Gewarte; wir flanieren durch Ladenstraßen wie auf einer Kurpromenade. In den Straßenschluchten hält sich die Hitze noch wie ein gefangenes Tier. Aber fahren wir abends schnell an den Stadtrand,

spüren wir den Wind in den Bäumen, und das gold-
gelbe Licht, das wir bei der Heimfahrt über den Kir-
chenkuppeln sehen, ist von unwirklicher Schönheit –
das soll ein Ferienort unserer Stadt erst einmal nach-
machen!

Wir spüren natürlich noch Autolärm, hören quiet-
schende Taxis, auch den Presslufthammer um die
Ecke, wir sehen Rauchwolken im blauen Himmel,
aber alles ist nicht so bedrückend, so beklemmend,
und das spiegelt sich in uns wider: Wir haben mehr
Zeit füreinander. Weil um uns herum so viele verreist
sind, genießen wir ein neues Lebensgefühl: Wer nicht
auf Ibiza sein kann, weil er in Duisburg zu tun hat,
gewinnt Abstand. Und wir ersteigen einen Gipfel der
Erstaunlichkeit: Obwohl viele von uns sogar mehr zu
tun haben als sonst, fällt uns vieles leichter, geht vieles
besser von der Hand.

Und wenn dann die Postkarten der Urlauber kommen –
»Hier ist es himmlisch ruhig« –, dann lächeln wir. Und
nur in wenigen Augenblicken, vielleicht beim Anblick
eines Prospektes, denken wir, dass der Blick aufs Meer
vielleicht doch noch schöner sein könnte als der auf
die dunklen Fenster rundum in der Nachbarschaft.
Aber das stört nicht ernstlich unser Spiel, auch wir
beabsichtigen nicht, den Sommer draußen vor der Tür
stehen zu lassen.

Wenn wir, die Daheimgebliebenen, ganz ehrlich sind,
dann müssen wir sagen: So könnte es eigentlich bleiben! Ein bisschen hitzefrei. Ein bisschen mehr Lässig-

keit – Schnelligkeit. Der offene Kragen – aber dafür schnellere Entscheidungen und Wege. Denn da gibt es ein stilles Einverständnis, fast eine Verschwörung, zu arbeiten und zu genießen. Diese Doppelbegabung ist selten, bei uns Deutschen allemal. Aber wir spüren etwas davon im Sonnensommer. Aber leider wissen wir auch, dass es nicht so bleiben wird in unserer Stadt: Schon bald kehren die gebräunten Menschen zurück, tatendurstig – und all unsere Ruhe wird verfliegen wie ein Traum.

LIEBESERKLÄRUNG AN EINE
KLEINE STRANDBUDE

Gleich wird es so weit sein, gleich werde ich an den Strand gehen, den ich einen langen Winter nicht betreten habe, werde am Meer entlanglaufen, werde die ersten Strandkörbe sehen, werde die kleine Holzbude wiederfinden, in der ich im vergangenen Sommer meine Zeitung, Getränke, Zigaretten, Eis, Würstchen, Spielzeug gekauft habe. Ich werde der freundlichen Frau ein Hallo entgegenrufen, denn ich werde mich freuen, sie wiederzusehen. Ja, gleich beginnt für mich die Saison! Schon habe ich den Wagen in einer Seitenstraße geparkt, schon gehe ich, mit Bademantel und Badetasche, strandwärts, irgendwie gehe ich schneller als sonst, die Verheißung eines schönen Sommers liegt schon in der Luft, auch wenn ich noch einen Pullover tragen muss – da bleibe ich plötzlich stehen! Habe ich mich geirrt? Bin ich an einer falschen Stelle gelandet? Die kleine Holzbude ist nicht mehr da! Sie ist wie weggezaubert. An ihrer Stelle steht ein Getränkeausschank aus Stein und Beton. Neonlicht auf dem Dach. Viele Plakate ringsum. Werbung. Spiegelglatte Scheiben. Ich trete näher an diesen Steinquader heran. Innen sehe ich: Kühlschränke, Supergrill, Plexiglas, Kaffeemaschinen, technische Ungeheuer mit einem sicher ungeheuren Ausstoß.

Ich halte inne, überlege, ob ich weitergehen soll. Ist dies noch der Strand meiner Erinnerung? Ich schließe für einen Augenblick meine Augen. Ich sehe die alte, verwaschene, fast verfallene Holzbude vor mir, die hier früher stand. Ich sehe die alten Holzstühle, auf denen ich saß, um einen Imbiss einzunehmen, sehe die lange Schlange der Kinder vor dem winzigen Schalter, hinter dem die freundliche alte Frau geduldig das Wechselgeld für Gummibären und Pfefferminz herausgab.

Mein Gott, wie ausdauernd haben wir hier gewartet! Wie genau konnten wir den Grad unserer fortschreitenden Erholung an der Geduld messen, wenn wir in der Schlange standen. Wie viele Gespräche gab es damals mit Kindern, mit Vätern – und wenn man Glück hatte, war sogar ein Flirt dabei.

Und nun? Nun gibt es gleich vier Schalter: Zwei zur Straßenseite, zwei zur Strandseite, nun wird alles ganz schnell gehen, alles ist durchrationalisiert, Eis hier, Zeitungen dort, Würstchen dort, Schleckerkram hier. Kaum noch warten! Die Würstchen immer heiß, aus solchen silbernen Kästen können nur heiße Würstchen kommen. Und die Zeitungen und Zeitschriften fein säuberlich in Regalen. Marketing, wo ist dein Sieg?

Ich schaue in den noblen Laden und suche die kleine freundliche Frau vom vergangenen Sommer. Sie ist nicht da. Zwei Mädchen sind da und ein Mann. Vermutlich Angestellte. Ich frage schüchtern und höre etwas von Verpachtung. Und dann die schnelle Frage: Was darf's denn sein?

Ich möchte sagen: Ich suche das kleine verwinkelte ungeordnet-geordnete Glück vom letzten Sommer, suche die geduldige Frau mit den Wechselpfennigen. Ich suche nicht die Automaten für die Getränke, die neben der Bude stehen. Ich suche nicht die eleganten Stahlstühle, die jetzt an den Imbisstischen stehen – ich suche die schiefen Holzstühle, die immer so schön wackelten.

Natürlich sag ich es nicht. Ich weiß ja, ich brauche nur kurz nachzudenken, dass die alte Erfrischungsbude nicht so weiterexistieren konnte, dass sie unrentabel war. Und ich werde natürlich meinen kleinen Strandbedarf hier kaufen, den ganzen Sommer lang. Aber ein Stück Jugendzauber ist dahin, das weiß ich auch.

DIE SEKUNDEN VOR DER ABREISE

Die Kinder sind schon im Auto, auch die Frau ist nun schon nach unten gegangen, ich bin ganz allein in der Wohnung, für nur wenige Augenblicke, dann werde ich die Tür abschließen, dann wird für zwei, drei Wochen niemand in diesen Räumen sein.

Und plötzlich überfällt mich ein seltsames Gefühl. Es ist kein Abschiedsschmerz. Es ist auch keinerlei Gedanke daran, dass vielleicht Fremde in die Wohnung kommen, sie ausräumen könnten. Es ist überhaupt nichts Materielles, obwohl auch dies zu bedenken wäre. Es ist etwas ganz anderes: Es ist – am Fuß der Seele, wenn ich das so sagen darf – die ganz einfache Frage, ob man diese Wohnung wieder so glücklich betreten wird, wie man sie jetzt verlässt. Denn dazwischen liegt ja die Reise, liegt das bisschen Abenteuer, das man heute Urlaub nennt, liegen Flüge, Autokurven, liegen Unwägbarkeiten, Krankheiten in der Fremde etwa – wer verspricht uns denn, dass immer alles glattgeht?

Ich denke daran, wie uns heute Abend, spät, zumute sein wird, wenn wir nach langer Reise in einem unbekannten Ort in einem fremden Hotel in einem anonymen Zimmer gelandet sein werden. Diese Augenblicke der Ankunft sind doch gar nicht so leicht. Man selbst ist blass – in dem meist zu grell erleuchteten Speisesaal sitzen die anderen, die Ausgeruhten, die Braunen, sie blicken zwischen ihrem Gelächter kurz auf, wenn man selbst erschöpft seinen Tisch sucht, ehe sie uns dahin ziehen lassen, zu einem Ober, der überfordert scheint wie man selbst.

Und für diesen kargen Empfang diese weite Reise!?

Aber noch bin ich ja in unserer Wohnung, noch gehe ich durch mein Zimmer, prüfe, ob alle Fenster geschlossen sind, ob die elektrischen Geräte ausgeschaltet wurden. Wie lieblos sie jetzt ausschaut, diese total aufgeräumte Wohnung! Woran mag das liegen? Nur an den Blumen, die nun fehlen, die dem Nachbarn zur Pflege gegeben wurden? Oder hat es damit zu tun, dass alle Dinge, die sonst herumliegen, nun in Schubfächern versteckt sind, dass alles kühle Ordnung hat – und dass Ordnung, in solcher Perfektion, der Wohnung den Zauber nimmt?

Ich weiß es nicht, ich spüre es nur: Dies könnte auch schon die Wohnung eines anderen sein. Sogar in dem Kinderzimmer sitzen die Puppen und Teddybären aufgereiht auf einem Bord, alles Leben scheint verschwunden, das in diesen Puppen bis gestern war, ich schwöre es.

Plötzlich erschrecke ich: Das Telefon klingelt. Eigentlich bin ich ja schon nicht mehr hier, ich sollte den Hörer nicht mehr abnehmen, vielleicht kommt eine unangenehme Botschaft, die sogar die Reise gefährdet, eine Sache, die alle Pläne durcheinanderwirbelt, besser also: nicht abnehmen. Wie in einem Kriminalfilm schrillt der Apparat, ungezogen laut, ich gehe auf den Flur, zögere, gehe ins Zimmer zurück – plötzlich hört der schrille Ton auf. Hätte ich mich doch melden müssen?

Ich weiß nun, wo ich bin: in einem großen Niemandsland. Auf der einen Seite: der Alltag, das Telefon, die Verabredung, die Termine, die Freunde, die Tageszeitung, der Weg um den Block, die Hausmeisterin, die in wenigen Minuten meinen Schlüssel bekommen wird. Und auf der anderen Seite: das Farbfoto eines fremden Hauses in einer fremden Welt, entnommen dem Ferienprospekt, Doppelzimmer zur Seeseite, Halbpension. Alles Dinge, die man nicht kennt, die gut sein können und auch nicht gut, Abenteuer in der Westentasche, das Kleingeld der Spannung, was dieses Leben zu bieten hat, wenn man auf Reisen geht.

Die Wohnung, die ich nun schnell verlasse, ist in trauriges Halbdunkel getaucht, die Rollos sind heruntergelassen. Wenn mir nun einer sagen würde, dies sei alles nicht mehr mein, ich würde es ihm glauben.

Als ich kurze Zeit später zu meiner Frau ins Auto steige, fragt sie, leicht ungeduldig, was ich denn noch so lange in der Wohnung gemacht, ob etwas nicht gestimmt habe. Ich sagte nur fast beiläufig: »Es war nichts Besonderes, wirklich, es war nichts Besonderes.« Und dann fahren wir los.

LOBLIED AUF DAS DOPPELZIMMER

Wenn ich so höre, was Männer alles Tolles erleben, sobald sie unterwegs sind, allein auf Dienstreisen, in Geschäften, mit dem kleinen schwarzen Erfolgskoffer; wenn sie in den Nobelhotels absteigen, das Einzelzimmer von der Sekretärin im Voraus gebucht (und per Telex bestätigt) – wenn ich das alles so höre, dann fühle ich mich hoffnungslos altmodisch. Denn mir macht das Reisen nur mit meiner Frau Spaß.

Es geht schon mit den Einzelzimmern los. Sie wirken immer so spartanisch. Als ob es nicht ganz gereicht hätte. Blanke Zweckmäßigkeit. Das Stückchen Seife, Werbung. Die Minibar. Man spürt schon beim Eintreten: Hier ist alles auf die pure, schnelle Übernachtung abgestellt.

Ganz anders: das Doppelzimmer! Ich liebe es, die Brause nebenan zu hören, während ich am Radioknopf herumspiele und den Sender suche. Ich finde es herrlich, wenn meine Frau tropfnass aus dem Bad kommt. Ich freue mich an den Dingen, die urplötzlich überall herumliegen, wenn sie dabei ist: das Kleid für den Abend, das Köfferchen mit Kosmetik, allerlei Krimskrams, das Modejournal, die Bilder von den Kindern, die sie nie vergisst.

Im Einzelzimmer hingegen: grausame Ordnung, Rasier-
zeug, Zeitungen, Aktentasche, Schlips eins und zwei.
Oberhemd – aus. Einzelzimmer sehen schon beim Ein-
zug so aus, als ob man ausziehen wollte.

Aber es geht ja nicht nur um die Ankunft! Mit seiner
Frau verreisen heißt mehr: ihr in der Ferne endlich
wieder einmal nahekommen. Das ist doch das ganz
große Geheimnis, das in diesen Reisen zu zweit liegt:
wegfahren, um zueinanderzufinden. Schon dieses
Spiel am Morgen, wer zuerst das Frühstück bestellt.
Und wenn man inmitten der vielen alleinreisenden
Herren, die immer so tolle Sachen erleben, auf seine
eigene Frau wartet: Gleich, gleich wird sie kommen
mit jener kurzen Verspätung, die Frauen so ziert und
Ehefrauen wieder in Frauen verwandelt. Du stehst auf
– wann geschah das zuletzt? –, rückst ihr den Stuhl
zurecht (etwas ungeübt, aber immerhin), und der Tag
liegt da wie ein Weihnachtspaket, das nun langsam
aufgeschnürt wird.

Man erobert das Hotel, die Stadt, den ganzen Tag,
man erobert von einem Doppelzimmer aus alles viel
leichter, besser, schöner, amüsanter.

Es geht schon an der Rezeption los: »Ein Doppelzimmer, bitte ...« Das klingt nicht nur ganz anders, das ist
auch etwas ganz anderes. Die Männer aus den Einzelzimmern – sie tun mir ein bisschen leid. Wenn ich
auch manchmal notgedrungen dazugehöre.

NACHRICHT VON MEINEM ERSTEN CHEF

Der Brief kam vor ein paar Tagen, er traf mich unvorbereitet, er enthielt einen Zeitungsausschnitt. Mein Freund schrieb dazu, ich sollte »trotz der vielen Arbeit ein paar Minuten innehalten« – die Nachricht meldete den Tod meines ersten Chefs.

Ich hatte meinen ersten Chef aus den Augen verloren. Er wohnte in einer anderen Stadt. Er war längst nicht mehr im Amt. Es hatte noch ein paar Grüße gegeben, meist zu Weihnachten, dann blieb auch das aus. Wer begonnen hatte, nicht mehr zu schreiben – ich weiß es nicht.

Aber die Bilder aus jenen Tagen habe ich noch vor mir: 1946/47. Hunger. Zehn Gramm Butter in der Woche. Schuhe auf Bezugschein. Wer ins Theater ging, musste Briketts mitbringen – zwei Stück mindestens. Schwarzmarkt. Chesterfield – das Stück für acht Mark. Nur Hoffnungen gab es gratis.

Und zwischen Trümmern und Not: dieser Mann, unermüdlich zwischen Konferenzen, Bürgerschaft, Zonenbeirat, alliierten Behörden. Aufbau, Kampf Millimeter um Millimeter – gegen Krankheit, Entkräftung, Demontagen.

Sein Zimmer war zufällig etwas wärmer als meines: Wenn ich fror, dehnte ich das Gespräch, um mich etwas durchzuwärmen. Und wenn er mir sein Auto lieh, war ich König.

Als ich ihn dann verließ, »um weiterzukommen«, hatte ich ein verdammt schlechtes Gewissen, ließ ihn in einem Berg voller Sorgen zurück. Ich weiß noch, wie ich mich fühlte, als ich sein Zimmer betrat, er zuckte auch kurz zusammen, aber dann war es doch nur halb so schlimm: Er sei ja auch einmal jung gewesen – und ein Wechsel ...

Immer, wenn ich später in die kleine Stadt kam, trieb mich ein seltsames Gefühl, ihn zu besuchen. Heute weiß ich: Es war Dankbarkeit. So eine Sache ohne Mitbestimmung, so etwas ganz Überholtes. Und ich traf ihn wie in alten Hungerszeiten; vierzehn Stunden täglich am Schreibtisch, und doch hatte er immer Zeit für ein Gespräch. Ja, so ist das in jenen Jahren gewesen, als er »ganz oben« und ich »unten« den Weg aus den Trümmern suchten.

Nun also, 25 Jahre später, diese Nachricht. Ein Stück Zeitungspapier. Mehr nicht. Deshalb sind Erinnerungen so viel wert.

»Hallo, wie geht's?« – Aber wollen wir es wirklich so genau wissen?

Es war eine jener eher flüchtigen Begegnungen, die unser Leben ausmachen – neben den wichtigen, bedeutenden Begegnungen, bei denen wir natürlich hellwach sind. Aber diesmal stand ich, gedankenverloren, plötzlich vor einem alten Bekannten, den ich seit vielen Jahren aus den Augen verloren hatte und den ich daher mit der Allerweltsfloskel »Hallo, wie geht's?« begrüßte. Dies war, wie ich zugebe, das kleinste Wechselgeld, das man hinschenken kann, und ich erwartete, dass er mir sofort mit gleicher Münze heimzahlen würde: »Es geht, man soll nicht klagen.« – So oder so ähnlich ziehen wir uns, die Jagenden und Gejagten, ja gerne schnell aus der Affäre.

Aber diesmal war es anders. Der Mann blieb stehen, schaute mich, länger als üblich, unverwandt an, um dann seinen Schuss loszulassen, der mich sofort traf: »Wollen Sie das wirklich wissen?«
Nun zögerte ich, fühlte mich plötzlich hilflos, gab mir dann aber einen Ruck – und doch wusste ich in derselben Sekunde, dass ich nur der Höflichkeit, gleichsam in der zweiten Stufe des Interesses, folgte, als ich ihm antwortete: »Aber natürlich, wir haben uns ja lange nicht gesehen.«

Er hatte längst gespürt, dass mein Interesse an seinem Leben weit geringer war, als meine Frage es vortäuschte. Darum berichtete er mir auch nur Oberflächliches, Alltägliches, Unverbindliches – dann gaben wir uns die Hand, aus, vorbei. Wir hatten wirklich nur Kleingeld gewechselt.

Die Flüchtigkeit dieser zufälligen Begegnung, sie ging mir noch lange nach. Ich tröstete mich damit, dass wir nicht die Kraft und schon gar nicht die Zeit haben, immer die Fassade zu durchstoßen, an den Freuden, vor allem aber den Sorgen anderer Menschen teilzunehmen, dass es im Leben abgeschlossene Kapitel geben muss. Und doch war ich traurig über meine Unfähigkeit: Denn in dem Gesicht des Mannes glaubte ich für den Bruchteil einer Sekunde zu erkennen, dass er gerne länger mit mir gesprochen hätte, dass ihn etwas bedrückte, dass er aber sehr wohl bemerkte, wie ich mich ihm innerlich verweigert hatte.

Man muss gar nicht zu jener Gesellschaft gehören, die heute gerne als »Bussi-Bussi-Gesellschaft« apostrophiert wird, um zu erkennen, dass etwas Wesentliches in unserem eiligen Leben immer schneller zu verschwinden droht: die aufrichtig empfundene Anteilnahme am Schicksal anderer.

Wir lieben es glatt. Wir möchten alles möglichst problemlos. Keine langen Geschichten bitte, die unseren Seelenfrieden stören könnten. Vergangen ist vorbei. Das schnelle Begrüßungsritual ist nur ein Ritual. Wer es durchbricht, wer sich gar mutig öffnet, wer nachfragt, der läuft Gefahr, in das Schicksal anderer Leute verstrickt zu werden, sich gar darin zu verheddern. Wer aber will das schon?

Und so zahlen wir mit kleiner Münze – und die ist oft auch noch Falschgeld: Denn wir wollen gar nicht so genau wissen, wie es jemandem geht, wenn wir ihm, mit den Gedanken schon ganz woanders, die Floskel »Wie geht's denn?« hinknallen.

»DREI TOLLE TAGE IN NEW YORK« – LOHNT SICH DENN SO EINE REISE?

Nicht, dass ich ihn nicht wiedererkannt hätte, als er bei einer Festlichkeit plötzlich vor mir stand – nein, nichts dergleichen.

Und doch musste ich, kaum dass ich ihn erblickte, meinen Schrecken verbergen, denn er schien mir in der Zeit, die wir uns nicht gesehen hatten – und das waren nur ein paar Monate –, um Jahre gealtert zu sein.

In seinem Blick war etwas Irrlichtiges. Er wirkte überanstrengt. Er hatte ein Kraftfeld um sich, nicht messbar, aber doch zu spüren.

Er käme gerade aus New York zurück, rief er begeistert aus, die Stadt sei zwar auch nicht mehr, was sie war – »immer dreckiger, immer ärmer, immer gefährlicher« –, aber es sei doch ein toller Trip gewesen, »drei Wahnsinnstage«.

Ob sich eine solche Blitzreise denn lohnen würde, wollte nun eine Frau wissen, die sich zu uns gesellt hatte, worauf er lachend meinte: »Nur wenn ich reise, lebe ich.«

Nun berichtete er, dass er zwei Wochen zuvor in Kairo war, davor in London, davor in Paris, davor in … davor in … – er konnte Städte aufzählen wie Perlen auf eine Schnur, die sich gleichwohl um seinen Hals zu legen und ihn abzuschnüren schien.

»So könnte ich nicht existieren«, sagte die Frau – der Gedanke an lange Flüge und andere Strapazen würde sie geradezu schütteln.

Der Mann, der gestern noch auf dem Broadway sein Glück gesucht hatte, verriet uns dann den Grund für seine Umtriebigkeit: »Du musst jeden Tag leben, als sei es dein letzter, das ist die einzige Maxime, die ich kenne, in dieser verrückten Zeit mehr denn je.«

Mit anderen Worten: herauspressen, was Zeit und Geld nur hergeben.

Die Frau neben mir und ich, wir wechselten für eine Sekunde einen Blick, der sagen wollte: Irgendeiner von uns dreien muss hier etwas falsch machen. Natürlich denkt man, dass die Wundertüte des Lebens mehr bereithalten könnte als das kleine Hickhack im Büro, den abendlichen Weg um den Block, das meist vergebliche Suchen nach Vergnüglichem auf dem Bildschirm, da man doch meist nur auf das versammelte Elend dieser Erde stößt – spätestens bei den *Tagesthemen*.

Da kommt so ein Tausendsassa gerade recht, der an der Bar fragt, ob er ausnahmsweise auch mit Dollars zahlen dürfe, weil er noch nicht hatte zurücktauschen können.

Die Frau, die bekannt hatte, dass sie »so nicht existieren könnte«, meinte nur, sie brauche nichts anderes als einen »überschaubaren Tag«. Einen Tag ohne Aufregungen, ohne Untiefen, ohne Überraschungen, ohne unterirdische Stromschnellen, die ihr Lebensschiff zum Kentern bringen könnten.

Aber ein kleiner Stachel muss doch bei ihr zurückge-
blieben sein, denn bei dem Stichwort Paris hatte sie
mit einem Hauch von Wehmut gesagt: »Da war ich
zuletzt vor fünfzehn Jahren, eine viel zu lange Zeit.«
So ist das, wenn zwei Welten aufeinander stoßen – die
der in sich Ruhenden und die der um den Globus
Rasenden.

Ein schnell hingehauchter Kuss für seine Frau, ein letztes Winken, dann stürmte er von dannen. Der Manager hatte es nun eilig, die Frühkonferenz wartete – und heute wollte er endlich Klartext reden.

Und seine Frau? Sie ließ die Tür ins Schloss fallen, nicht ohne einen Seufzer der Erleichterung. Denn nun lag wieder ein langer Tag vor ihr wie ein wunderbarer, weicher Teppich. Ein Tag, der ihr gehörte, den sie sich einteilen konnte, wie sie wollte.

Zuerst vielleicht ein paar Telefonate mit Freundinnen, dann etwas Gymnastik, ungestört. Dann eventuell ein Stadtbummel, Einkaufen für den Haushalt, man hatte ja schließlich seine Pflichten.

Zwischendurch ein Blick in die Magazine, mal schauen, was Paris und Rom für den Frühling empfehlen, beim Hochglanzfoto von Capri oder Venedig ins Träumen geraten – Frau, was willst du mehr?

Dann aber fiel ihr Blick plötzlich auf eine Schlagzeile. Vom »modernen Heimarbeiter« war da zu lesen, sie wollte schon weiterblättern, bis sie entdeckte: Hier sind ja die Manager gemeint, die demnächst von zu Hause aus arbeiten können.

Sie erfuhr etwas von »Multifunktionsterminals« in einer »dezentralisierten Bürolandschaft«, von Telekomanschlüssen ins private Heim, von Kostenersparnis, »eigenem Zeitkonto« des Managers, von rapide zunehmender »Flexibilisierung des Arbeitsplatzes«. Da wurde von Laptops berichtet, kleinen Zauberkästen, winzigen Alleskönnern, mit denen die Manager dirigieren und delegieren können – ohne auch nur einen Schritt vor die eigene Haustür setzen zu müssen.

»Nicht auszudenken!«, war ihr erster Gedanke. Zwar hatte sie den Loriot-Film *Pappa anteportas* schon gesehen, aber das ganze Theater »Mann plötzlich im Haus« war für sie ja noch so weit weg, denn ihr Göttergatte hatte ja noch zehn Jahre vor sich, ehe für ihn, wie er gerne sagte, das »Fallbeil der Pensionierung« niedersausen würde.

Was war die Erfindung des Feuers, des Atomstroms, des Flugzeugs, was war sogar der Flug zum Mond gegen diese unheimliche Laptop-Revolution?

Sie spürte nur eines: Die Technik kam auf leisen Sohlen durch die private Türritze, sie machte keine Faxen, sie konnte sogar selber faxen.

Schon sah sie ihr Leben ohne Zeitkorsett bedroht. Die Wohnung den lieben langen Tag für sich alleine zu haben, das schien bisher ein Komfort zu sein, den ihr niemand streitig machen konnte.

Sie war deshalb, durch die aufregende Lektüre sensibilisiert, höchst neugierig, als ihr Mann abends mit einem Paket nach Hause kam.

Nein, sagte er auf ihre Frage, dies sei leider kein neues Kleid für sie, dies sei nur ein Laptop, »aber davon verstehst du nichts«.

Und ob sie was verstand! Es überfiel sie das beklemmende Gefühl, dass soeben die Zukunft einen Fuß auch in ihr Wohnzimmer gestellt hatte – und sie wusste im Augenblick wirklich nicht, ob sie nun weinen oder lachen sollte.

Aber dass man sich heute nicht einmal auf eine bisher so klare Sache wie »Der Mann geht allmorgendlich ins Büro« verlassen kann – das wusste sie nun plötzlich ganz genau.

»DABEI SEIN IST ALLES« – DIE GIER, ZU SEHEN UND GESEHEN ZU WERDEN

Irgendetwas kann da nicht stimmen. Da jagen sich die Bilder einer Gesellschaft, die von Party zu Party eilt, immer modisch durchgestylt, immer topfit, immer auf Achse, ihre Matadore scheinen ein Dauerabonnement auf Lebensglück zu haben.

Und dann gibt es diese erstaunlich widersprüchlichen Statements der Prominenten, mögen sie nun VIPs der ersten Stufe, mögen sie Viertel- oder Achtel-Prominente sein: »Ich liebe nur noch die Einsamkeit«, sagt der eine, »die Oberflächlichkeit der Partys gibt mir nichts«, sagt der nächste, »das habe ich aufgegeben, verschenkte Zeit«, sagt wieder einer, als ob die Welt nur noch aus lauter einsamen Wölfen bestünde.

Und dann? Was ist dann? Dann gibt es, wo immer jemand zu einer Geselligkeit ruft, ein atemraubendes Gedränge, eine Gier, zu sehen und gesehen zu werden, gotterbärmlich. Es mag ein Jubiläum, ein Geburtstag, eine Hauseinweihung oder auch nur eine Vernissage sein, bei der sowohl die Gemälde wie der hoffnungsvoll »anwesende Künstler« gnadenlos im Lärm der Bussi-Bussi-Geselligkeit zur Staffage degradiert werden.

Denn nun findet wieder das ganz große Spiel statt, das nur einen Namen hat: Dabei sein! Und damit sind wir in das Zentrum des Phänomens vorgedrungen. »Dabei sein ist alles – ohne dabei zu sein ist alles nichts«, lautet das oberste Gesetz. So einsamkeitssüchtig können viele der Reichen und Schönen gar nicht sein, dass sie nicht nervös die Post nach Einladungen durchblättern. Und schon erkennen wir: Man muss zuvor auf einer Liste stehen! Ein Platz auf der Gästeliste ist der Schlüssel, mit dem allein die Tür zum kommunikativen Leben aufgestoßen werden kann. Weshalb Leute, die plötzlich aus einer solchen Liste rausfallen, dies fast als ein gesellschaftliches Todesurteil empfinden.

Aus diesem Grund sagen die Partyprofis in jedem Fall erst einmal grundsätzlich zu, sobald die begehrte Einladung ins Haus flattert. Damit sie bloß auf der Liste »draufbleiben«.

Naht der Termin, kann man ja immer noch kurzfristig absagen. Bei einer Stehparty nicht weiter schlimm. Nur bei einem gesetzten Essen wird die Sache problematisch – für den Gastgeber! Denn dann gerät die psychologisch raffiniert ausgearbeitete Sitzordnung ins Wanken, wenn es plötzlich am Tisch leere Stühle gibt, Zahnlücken vergleichbar. Kenner der Szene verraten, dass die Unsitte »Zusagen – aber nicht erscheinen« immer mehr um sich greift.

Und da bekanntlich kein Übel alleine kommt, gibt es neben dem Ausbleiben der geladenen Gäste auch das Auftauchen derjenigen, die niemand gebeten hat – und die plötzlich doch ganz dreist in die Schlacht am Büfett eingreifen. – Wer aber will dann noch Spielverderber sein?

Wir erkennen also: Bei den Partys, die ein Stück unseres Lebens sind, geht es genauso zu wie im normalen Leben. Ein bisschen frech, ein bisschen rücksichtslos und mit sehr viel Chuzpe. Weil das so ist, dreht sich das Karussell immer schneller. Und all die Sprüche mit dem Tenor: »Da gehe ich nicht mehr hin!« können Sie glatt vergessen.

Wenn ich eines Tages in den Himmel kommen sollte, würde ich sehr schnell fragen: Wo finde ich hier Goethe? Kann ich Seneca treffen? Ist Schopenhauer zu sprechen? Denn ich würde ihnen allen danken wollen. Sie haben mein irdisches Dasein mit ihren Gedanken nicht nur bereichert – sie haben es verändert, hin zu einem glücklicheren Leben.

Ich würde auch jene ältere Dame suchen, die ich vor Jahren an einem bitterkalten Wintertag am Münchner Hauptbahnhof traf und die mit einem einzigen Satz meine Einstellung zu meinem Leben radikal verändert hat. Es begann damit, dass ich der Frau, die sich mit einem schweren Koffer abmühte, meine Hilfe anbot. Sie schaute mich an, als ob ich vom Mond käme. »Das habe ich lange nicht erlebt«, sagte sie und lächelte. »Ich sehe doch, wie schwer Sie schleppen.« So zogen wir beide zum Taxi. »Die paar Meter hätte ich auch alleine geschafft«, sagte sie nun, ich antwortete nur: »Dass ich Ihnen helfe, ist doch selbstverständlich.« Diese Bemerkung muss in ihr eine Explosion ausgelöst haben. »Sie irren sich, junger Mann, nichts ist selbstverständlich, nicht in dieser verrückten Zeit.« Nun war ich schon damals kein »junger Mann« mehr, aber eine alte Dame, die in punkto Höflichkeit sicher bessere

Tage gesehen hat, darf so reden, ich nahm es als Kompliment. »Glauben Sie mir, gar nichts ist selbstverständlich. Nicht, dass Sie mir helfen, nicht, dass hier ein Taxi wartet, nicht einmal, dass ich hier bin, vor einer Woche lag ich noch in Hamburg in einer Klinik.« Der Taxifahrer hatte inzwischen den Koffer verstaut, die alte Dame kurbelte die Scheibe herunter: »Denken Sie immer an meine Worte: Nichts ist selbstverständlich! Ich weiß, wovon ich rede, ich habe es leidvoll erfahren. Aber wenn Sie das einmal begriffen haben, leben Sie leichter.« Eine Episode, vielleicht zwei Minuten lang, aber ich habe die Philosophie hinter diesem banalen Satz nie mehr vergessen.

Bisher hatte ich Vieles, wenn nicht sogar alles für selbstverständlich genommen. Jetzt erkannte ich die verborgene Wahrheit. Ja, es ist nicht selbstverständlich, dass dir einer sofort hilft; dass ein Arzt am Wochenende kommt, wenn du dich vor Schmerzen krümmst; dass ein Beamter die Akten zur Seite legt, sobald du dein Anliegen vorträgst; dass ein Lehrer dich rechtzeitig informiert, wenn dein Kind gefährdet ist. Es ist nicht selbstverständlich, dass mein Herz nach 84 Jahren immer noch schlägt und schlägt und schlägt, dass meine Enkelin mich täglich aus New York anruft, dass ein guter Freund mich in seine Familie aufnimmt, »damit du nicht einsam wirst«. Nichts, gar nichts ist selbstverständlich, auch nicht, dass diese Kolumne in dieser wunderbaren Sonntagszeitung erscheint und hoffentlich viele Leserinnen und Leser überzeugt und bereichert.

Und deshalb habe ich mich auch über die Worte gefreut, die vor einer Woche der mit der »Goldenen Kamera« von *HÖRZU* ausgezeichnete US-Filmschauspieler Michael J. Fox gefunden hat, der seit Jahrzehnten an Parkinson leidet. »Ich nehme nichts mehr als selbstverständlich hin. Nichts ist sicher, nichts ist von Dauer. Auch wenn es bei dir großartig läuft, musst du bescheiden bleiben. Nichts auf der Welt geschieht nur deinetwegen. Die Welt dreht sich nicht um dich. Wir sind nur kleine Wesen im Universum.«

Ob weltbekannter Filmstar, ob unbekannte ältere Dame am Bahnhof – die gemeinsame Botschaft heißt: Demut und Dankbarkeit. Heute ist Sonntag, der richtige Tag, darüber nachzudenken.

Die Angst vor dem »leeren« Sonntag

Mein lieber Sonntagsmuffel, ich muss mit Ihnen mal ein Wörtchen reden. Ich weiß, Sie mögen mich nicht. Einige hassen mich sogar. Ich bin angeblich zu langweilig. Nichts los am Sonntag. Keine E-Mail, keine Anrufe, keine Konferenzen, kein Tempo, kein Wichtigwichtig im Beruf. Überall spießige Behäbigkeit, wie Sie sagen. Die Sonntagsruhe, die ich den Menschen schenke, ist Ihnen nicht heilig, sondern ärgerlich. Ich kann damit leben. Aber um Sie, lieber Sonntagsmuffel, mache ich mir dann doch Sorgen. Denn von Natur aus bin ich ein hilfsbereites Wesen. Man hat mich sogar in den Verfassungsrang gehoben. In der Weimarer Republik war es: Da wurde ich 1919 als »Tag der Arbeitsruhe und der seelischen Erhebung« rechtlich geschützt.

Aber ich will nicht hochnäsig von oben herab auf Sie runterschauen. Deshalb frage ich Sie: Können Sie nicht verstehen, dass es Menschen gibt, die wenigstens einen Tag in der Woche ihr Leben planen, überdenken, auch durchaus philosophisch hinterfragen wollen? Die einmal nicht im Beruf »funktionieren« müssen. Die Freunde treffen, mit Kindern spielen, die ihre Seele einmal baumeln lassen möchten. Die in die Kirche gehen und auf die Sinnfrage ihres Lebens eine

181

Antwort erhoffen. Kurzum, die den Sonntag nicht nur schön finden, sondern ihn dringend brauchen. Zum Durchatmen. Zur Rückschau und Vorschau.

Und nun zu Ihnen, lieber Muffel: Was Ihre Angst vor der Leere des Sonntags angeht, so sollten Sie die angebliche Langeweile, die äußerlich verordnete Ruhe, auf sich wirken lassen – und annehmen! Kennen Sie den alten chinesischen Fluch: »Mögen die Götter dich nie dazu verdammen, in ein interessantes Zeitalter hineingeboren zu werden«? Man kann nämlich nicht pausenlos intensiv leben, ohne dafür einen Preis zu zahlen, gar krank zu werden, Ärzte sprechen dann von einer »Sonntagsneurose«. »Eine gewisse Fähigkeit, Langeweile zu ertragen, ist sogar unerlässlich zu einem glücklichen Leben«, schrieb der britische Philosoph und Nobelpreisträger Bertrand Russell, »alle großen Bücher enthalten langweilige Stellen, und die Lebensläufe aller Großen weisen öde Strecken auf. Kant soll sich nie weiter als zehn Meilen von Königsberg entfernt haben. Darwin lebte, nachdem er von einer Weltreise zurück war, bis zu seinem Tod ruhig zu Hause. Eine Generation, die keine Langeweile zu ertragen vermag, wird eine Generation von kleinen Leuten sein.«

In diesem Sinn sollten Sie, lieber Sonntagsmuffel, nicht klagen, dass die Welt an diesem einen Tag in der Woche »so leer« ist. Denn genau dieser Tag vermag etwas, was kein anderer Tag kann: er gibt uns Auskunft über den Zustand unserer Seele; er ist wie ein Test, der uns Orientierung ermöglicht, der uns verrät, was der Körper und das Herz *wirklich* brauchen.

Horchen Sie also einmal tief in sich hinein, ehe es zu spät ist, sonst lässt nämlich der Herzinfarkt grüßen. Ich jedenfalls bleibe Ihnen treu, Woche für Woche.

Herzlich Ihr Sonntag.

Er vermutete mich sicherlich in Deutschland, mein junger Freund, aber mein Handy vibrierte in Florida, als er mich anrief. »Hast du schon gehört ...« – er wollte mich über ein wichtiges privates Ereignis informieren. Ich war – wintermüde, wulffmüde, euromüde – in die Sonne geflogen, nach Palm Beach, gleich wollten mir Freunde das Haus von John F. Kennedy zeigen, in dem er mit Jacqueline und seinen Kindern Ferien verlebte. Ein magischer Ort auch für mich, ein Platz zum Nachdenken – zum Beispiel über das Geheimnis einer wirklich guten Freundschaft.

Der junge Freund, der sich soeben aus Berlin gemeldet hat, ist das, was man eine »treue Seele« nennt. Ich kenne ihn seit zwei Jahrzehnten. Er ist halb so alt wie ich, er atmet die dünne Luft des Top-Managements. Sein Alltag ist total »durchgetaktet«. Kennengelernt haben wir uns, als es mir so erging wie ihm heute. Vielleicht konnte ich dem jungen Senkrechtstarter damals einen erfolgreichen Karrieretipp geben, vielleicht auch nicht. Wir hatten viele intensive Gespräche. Und es gab immer, was es heute so selten gibt – das unbedingte wechselseitige Vertrauen in Ehrlichkeit, Zuverlässigkeit und vor allem in Verschwiegenheit. In einer Zeit, in der die moralischen Entfesselungskünstler unterwegs sind, empfinde ich diese fast naive Gradlinigkeit zwischen uns wie einen Gruß aus vergangenen glücklicheren Zeiten.

Dann geschah etwas, was das filigrane Gebäude unserer Freundschaft leicht zum Einsturz hätte bringen können: Ich zog in eine andere Stadt. Fortan gab es kein »mal eben Vorbeischauen ...«, kein schnelles Treffen zum Mittag, kein zufälliges Wiedersehen. Sein »durchgetaktetes« Leben wurde immer schneller, sein Stern am Managerhimmel leuchtete immer heller, während mein Leben ... ach lassen wir das, wer spricht schon gerne über sein Älterwerden, über dieses Gefühl, bloß niemandem auf den Wecker zu fallen, schon gar nicht einem jungen Freund dort oben im Olymp.

Ja, wir Älteren, die wir nicht mehr auf den Minutenzeiger schauen müssen, die vielleicht mal im Schatten einer vorüberziehenden Wolke von Alterstraurigkeit dahinleben, aber weitgehend ohne Entscheidungsdruck, wie ihn die Jungen tagtäglich zu meistern haben, wir Älteren stehen plötzlich vor der Frage: Was können wir euch jungen Freunden wirklich noch sein, noch bedeuten, noch geben? Sicher ist Freundschaft nicht ein Aufrechnen: Du gibst das und bekommst dafür jenes, und das möglichst ausgewogen. Aber wenn einer immer nur gibt? Denn mein junger Freund verwöhnt mich mit Anrufen, Tipps, Informationen, kurzen Signalen, die mir zeigen: Ja. Das Band, das uns hält, es reißt nicht.

Und ich? Ich bin dauernd am Danksagen. Wir danken umso öfter, je älter wir werden. Aber wir halten natürlich auch fest, denn wir wissen, alte Freundschaften sind kostbar. Es gibt dazu viele Dichterworte, aber keines drückt meine Empfindungen so gut aus wie diese Zeilen von Antoine de Saint-Exupéry in seinem Gebet an Gott: »Du weißt, wie sehr wir der Freundschaft bedürfen. Gib, dass ich diesem schönsten, schwierigsten, riskantesten und zartesten Geschenk des Lebens gewachsen bin.« Der Flieger-Dichter spricht von dem wunderbaren Gefühl, wenn er nachts zum Bahnhof eilen muss, weil ein Freund »Komm schnell, ich brauche dich« telegrafiert hat, denn es sei leichter, Freunde zu finden, die uns helfen, »schwerer verdienen wir uns jene, die unsere Hilfe brauchen«. Über diese Gedanken habe ich in einem langen Spaziergang unter Palmen nachgedacht. Ja, wer braucht uns in einer Notlage wirklich – und wer von meinen Freunden würde sich bei mir melden? Vielleicht werde ich mit meinem jungen Freund in Berlin einmal darüber sprechen …

Aber dann flüsterte mir plötzlich die Altersweisheit, die bekanntlich nur wir Alten haben, einen anderen Gedanken zu: Philosophiere Freundschaft nicht zu Tode! Nimm sie so, wie sie ist, und freue dich ganz einfach darüber. Und ich glaube, genauso werde ich es machen.

INHALT

190

Eine versöhnliche Annäherung
an das Alter

Peter Bachér hat sein fünfzehntes Buch der Wahrheit über das Alter gewidmet. Und nur wer alt geworden ist, sagt er, kann wahrhaftig über diese Lebensphase berichten. Mit dem Alter beginnt noch einmal ein neues Spiel und es ist gut, sich rechtzeitig mit den Spielregeln vertraut zu machen – je früher, desto besser. Denn es gilt, sich einzulassen auf die kleinen und großen Veränderungen, die das Alter so mit sich bringt.
Der sogenannte Herbst des Lebens ist nicht nur Sonnenschein, sondern auch Sturm und Stille. Mit realistischem Blick zeigt Peter Bachér, was wirklich wichtig ist und wie jeder Einzelne sein Alter gestalten kann.

„Die Liebe zum Wort und eine unstillbare Neugier begleiten Peter Bachér auch mit 83 Jahren. Mit leichter Hand formt er Gedanken, Erfahrungen, Gefühle und Themen des Lebens zu Zeilen, die vielen Menschen zur Orientierung dienen." Hörzu

Peter Bachér
Die Wahrheit über das Alter

192 Seiten, ISBN 978-3-7844-3228-1

Langen*Müller*   www.langen-mueller-verlag.de